Bibliothèque publique Nipissing Ouest

Viens jouer dehors!
Pour le plaisir et la santé

De la même auteure, dans la même collection

Au-delà de la déficience physique ou intellectuelle. Un enfant à découvrir, 2001

Le développement de l'enfant au quotidien. Du berceau à l'école primaire, 2004

Et si on jouait ? Le jeu durant l'enfance et pour toute la vie, 2005

Pour parents débordés et en manque d'énergie, 2006

Raconte-moi une histoire. Pourquoi ? Laquelle ? Comment ?, 2008

Grands-parents aujourd'hui. Plaisirs et pièges, 2012

Collection du CHU Sainte-Justine
pour les parents

Viens jouer dehors !
Pour le plaisir et la santé

Francine Ferland

Éditions du
CHU Sainte-Justine

Catalogage avant publication de Bibliothèque et Archives nationales du Québec et Bibliothèque et Archives Canada

Ferland, Francine, 1947-

    Viens jouer dehors! : pour le plaisir et la santé
    (La Collection du CHU Sainte-Justine pour les parents)
    Comprend des réf. bibliogr.
    ISBN 978-2-89619-637-1

1. Loisirs de plein air pour enfants. 2. Jeux de plein air. I. Titre. II. Collection: Collection du CHU Sainte-Justine pour les parents.

GV191.63.F47 2012   796.083   C2012-941789-0

Illustration de la couverture: Marion Arbona
Conception graphique: Nicole Tétreault

Diffusion-Distribution au Québec: Prologue inc.
                          en France: CEDIF (diffusion) – Daudin (distribution)
                          en Belgique et au Luxembourg : SDL Caravelle
                          en Suisse: Servidis S.A.

Éditions du CHU Sainte-Justine
3175, chemin de la Côte-Sainte-Catherine
Montréal (Québec) H3T 1C5
Téléphone: (514) 345-4671
Télécopieur: (514) 345-4631
www.editions-chu-sainte-justine.org

© Éditions du CHU Sainte-Justine 2012
    Tous droits réservés
    ISBN 978-2-89619-637-1 (imprimé)
    ISBN 978-2-89619-638-8 (pdf)
    ISBN 978-2-89619-639-5 (ePub)

Dépôt légal: Bibliothèque et Archives nationales du Québec, 2012
                 Bibliothèque et Archives Canada, 2012

Membre de l'Association nationale des éditeurs de livres

*À tous les enfants, qui représentent notre
plus grande richesse et notre avenir.*

REMERCIEMENTS

Mes remerciements les plus sincères vont à :

Élisabeth Dutil et Édith Martel pour leur témoignage ;

Guilaine Denis, pour avoir partagé avec moi ses connaissances, entre autres à propos de la sécurité nautique ;

Mes petits-enfants Gabriel, Maude, Florence et Camélia, qui, sans le savoir, m'ont donné plein d'exemples d'activités amusantes à faire dehors ;

Marise Labrecque pour sa confiance et son soutien indéfectible ;

Maurice Ferland, mon compagnon de toujours, pour ses encouragements et son amour.

TABLE DES MATIÈRES

INTRODUCTION 13

CHAPITRE 1
Pourquoi nos enfants ne jouent-ils plus dehors? 17

Une récompense devenue punition 17

De nombreuses craintes chez les parents 18

    Les accidents 19
    Les microbes 20
    Le froid 21
    Les prédateurs sexuels 22
    Les enlèvements 23

Des peurs parentales souvent transmises
aux enfants 24

    Les insectes 25
    Les animaux 25
    L'eau 26

L'omniprésence des écrans 26

Des aménagements qui ne facilitent pas le jeu
à l'extérieur 29

    Les municipalités 30
    Les écoles et les services de garde 30
    Un constat international 33

Chapitre 2
Et pourtant… les bienfaits du jeu extérieur 37

Le jeu à l'extérieur, un jeu actif 37

Les bienfaits pour la santé 39
  La condition physique 39
  La défense immunitaire 39
  La prévention de la myopie 40
  L'appétit, le sommeil et la concentration 41

L'équilibre dans ses activités 42

La nature, source de connaissances et
outil de développement 43

Le jeu extérieur, bénéfique pour les enfants
de tous âges 45

L'impact du jeu extérieur sur divers états de santé 46
  L'obésité 46
  *Le trouble déficitaire de l'attention avec ou
  sans hyperactivité (TDAH)* 48
  Le stress 49

Chapitre 3
Inciter les enfants à aller dehors 53

Prêcher par l'exemple 54

S'adonner soi-même à des activités extérieures par
plaisir et en retirer des bénéfices 55

Viser un horaire équilibré 56

Prendre plaisir à partager des activités
extérieures avec vos enfants 57

Des sorties en famille 60

Témoignages 64

Chapitre 4
Suggestions de jeu à l'extérieur 69

Selon les saisons 70
   L'été 70
   L'hiver 80
   Le printemps 82
   L'automne 84

En toutes saisons 85
Des jeux d'observation 87
Des jeux traditionnels 89

Chapitre 5
Jouer dehors en toute sécurité 97

Écran solaire 97
Protection contre les moustiques 99
Les précautions à prendre sur le balcon 101
Les précautions à prendre avec : 101
   Un bac à sable 101
   Une pataugeoire 102
   L'équipement de jeux extérieurs 102
   Les vêtements d'hiver 103

La piscine et les cours de natation 104
   Les cours de natation peuvent-ils prévenir
   la noyade ? 110

Certaines activités hivernales potentiellement
   dangereuses 112

La sécurité en vélo 113

Les casques protecteurs 114
Et les autres activités sur roues?................................. 115
Les trampolines : à quel âge un enfant
   peut-il y jouer?.. 116

Conclusion... 119

Ressources... 121

*La joie de contempler et de comprendre,
voilà le langage que me porte la nature.*

INTRODUCTION

Albert Einstein

Il est à parier que vos enfants jouent moins souvent à l'extérieur que vous-même dans votre enfance. Au fil des ans, le jeu à l'extérieur a perdu de son intérêt auprès des enfants et, aujourd'hui, ces derniers préfèrent les jeux vidéo et les activités casanières aux grandes goulées d'air frais.

Mais est-ce si important de jouer dehors? La vie d'aujourd'hui est différente d'il y a quelques décennies. Il est donc normal que les activités des enfants aient changé. Pourtant, en dépit de ces changements, les jeunes générations ont elles aussi besoin de se dépenser physiquement et de prendre l'air. C'est valable pour les tout-petits, mais aussi pour les enfants d'âge scolaire. Valoriser le jeu libre à l'extérieur n'est donc pas une idée passéiste. Ce n'est pas regretter ce qui n'est plus, sous prétexte que c'était «le bon temps». C'est mettre de l'avant une activité qui répond encore et toujours aux besoins de l'enfant d'aujourd'hui, comme elle répondait à ceux des enfants d'hier.

«Les enfants de tous les âges devraient avoir des occasions régulières de jeu actif pour se défouler, explorer, courir, grimper, ramper et jouer au parc avec leurs amis, comme leurs parents l'ont fait. Le jeu actif est amusant, mais il est aussi démontré qu'il améliore les fonctions motrices, la créativité, les habiletés nécessaires à la prise de décisions et à la résolution de problèmes ainsi que les aptitudes sociales[1] », affirme le Dr Mark Tremblay, conseiller scientifique en chef de Jeunes en forme Canada et directeur du Groupe de vie active saine et obésité (HALO). Pourtant, durant les heures d'éveil non passées devant les écrans, les enfants de moins de 6 ans consacrent de 73 à 84 % de leur temps à des activités sédentaires. Chez les enfants âgés de 6 à 19 ans, cette proportion est de 63 %[2]. Ce sont là des données étonnantes et quelque peu inquiétantes, non ?

Le jeu extérieur concerne le jeu actif, le jeu libre de l'enfant en plein air, dans la cour arrière de la maison, dans une ruelle, au parc, dans des espaces verts, près d'un lac ou d'une rivière. Dans un premier temps, nous identifierons les raisons pour lesquelles nos enfants ne jouent presque plus dehors. Nous discuterons par la suite des bienfaits que procure le jeu extérieur. Bien que ce dernier soit bénéfique pour tous, certains enfants aux prises avec des conditions particulières peuvent en retirer des avantages supplémentaires.

Prêcher par l'exemple est la voie privilégiée pour que nos enfants aient du plaisir à sortir à l'extérieur. Mais que faire dehors au fil des saisons ? Une liste d'activités vous est proposée, à laquelle vous pourrez ajouter vos propres trouvailles. Bien sûr, la sécurité doit être au rendez-vous.

Certaines précautions fort simples permettent de minimiser les risques de problème et d'accident.

Aidons nos enfants à découvrir l'intérêt du jeu à l'extérieur riche en apprentissages, en plaisirs et en bénéfices pour leur santé.

Notes

1. http://dvqdas9jty7g6.cloudfront.net/reportcards2012/JEF%202012-Matte%20story-FINAL_French.pdf

    Article de Jeunes en forme Canada mis en ligne le 29 mai 2012 et consulté le 10 juin 2012.

2. www.participaction.com/fr-ca/Get-Informed/Active-Healthy-Kids-Canada-Report-Card.aspx

    Bulletin 2012 de Jeunes en forme Canada sur l'activité physique chez les jeunes. [Consulté le 11 juin 2012.]

Chapitre 1

Pourquoi nos enfants ne jouent-ils plus dehors ?

Je me souviens [...] de ces longues balades en vélo avec les copains. Nous nous arrêtions chez l'un ou l'autre, insouciants. Nous pouvions l'être encore à cette époque. On connaissait tout le monde et on se sentait protégés, comme dans un microcosme. Rien de grave ne pouvait arriver et d'ailleurs, jamais l'idée ne nous en effleurait l'esprit. Il n'y avait qu'une consigne à respecter : rentrer avant la tombée de la nuit.

Julie du Page[1]

Une récompense devenue punition

Il n'y a pas si longtemps, les enfants passaient beaucoup de temps à l'extérieur. Aller dehors était perçu comme une récompense appréciée de tous. Aujourd'hui, ça leur semble plutôt être une punition : il faut user de stratagèmes pour les faire sortir. En fait, les jeunes d'aujourd'hui sont 40 % moins actifs que ceux d'il y a 30 ans[2]. À preuve, l'édition 2012 du *Bulletin* de Jeunes en forme Canada, qui attribue des notes selon divers aspects de l'activité physique, a donné la note « F » aux catégories des jeux et loisirs actifs, des niveaux d'activité physique et des comportements sédentaires des jeunes en ce qui concerne les écrans. Un « D » a quant à lui été attribué au transport actif et aux activités physiques en famille[3]. Voilà un portrait peu reluisant ! À quoi cela est-il dû ? Aux parents ? En partie seulement. L'explication de cette situation est multifactorielle.

> **Il y a quelques décennies, on disait :**
> « Quand tu auras fini tes devoirs, tu pourras aller jouer dehors. »
>
> **Aujourd'hui, on dit plutôt :**
> « Tu peux écouter ton émission de télévision mais après, tu **devras** aller jouer dehors. »

De nombreuses craintes chez les parents

Outre le temps passé devant les écrans, ce sont les inquiétudes des parents à l'égard de la sécurité qui constituent une barrière au jeu actif des enfants canadiens[4]. Ces derniers se retrouvent alors confinés dans des environnements hautement contrôlés où ils ont peu d'occasions d'être libres de s'amuser à leur convenance. Cinquante-huit pour cent des parents canadiens admettent être très inquiets en ce qui concerne la sécurité de leurs enfants et ont le sentiment de devoir les *surprotéger* dans le monde actuel. Les crimes, les dangers de la circulation et ceux du quartier, la noirceur ou le manque de supervision sont pour eux de grandes préoccupations. Que ces craintes soient fondées ou non, elles empêchent de nombreux parents de laisser leurs enfants jouer dehors. Certains jeunes ont donc peu de chances de se défouler, de courir, d'explorer et d'interagir avec leurs pairs comme ils l'entendent.

Voyons quelques-unes des craintes des parents plus en détail.

Les accidents

L'environnement dans lequel évoluent les enfants d'aujourd'hui est devenu plus complexe et présente certains risques pour leur sécurité. La circulation plus dense représente un potentiel plus élevé d'accidents et en conséquence, plusieurs parents limitent les balades en vélo de leurs enfants, et même leurs promenades sur les trottoirs. D'ailleurs, nombre de parents préfèrent conduire leurs enfants à l'école en auto plutôt que de les laisser s'y rendre à pied, même si la distance à parcourir est courte. Selon Kino Québec, en trois décennies, le nombre d'enfants canadiens qui se rendent à l'école à pied est passé de 80 à 9 %[5].

La période hivernale apporte d'autres craintes d'accidents liés, entre autres, aux véhicules de déneigement, ce qui incite certains parents à restreindre les activités extérieures de leur enfant. Il est vrai que les jeunes enfants sont curieux et qu'ils ne peuvent pas toujours reconnaître les dangers, ni les éviter. Alors oui, il faut leur offrir un environnement sécuritaire, mais cela ne devrait toutefois pas inclure l'interdiction de sortir à l'extérieur et de s'adonner à des activités qui leur permettent de dépenser leur trop-plein d'énergie et de développer de nouvelles habiletés motrices.

Face aux accidents potentiels, **il faut viser un juste équilibre entre protection et permission.** Voilà le défi à relever. Il ne faut pas rechercher le risque zéro puisqu'il n'existe pas : dès qu'on met le pied dehors, il y a des risques d'accidents, de chutes, de blessures. À partir du moment où vous prenez votre voiture, il y a un risque, mais cela ne vous empêche pas de vous en servir et heureusement, sans quoi tout le monde resterait cloîtré dans sa maison, là où il y a d'autres risques, d'ailleurs. Si on veut protéger ses enfants de tous les dangers potentiels (autrement dit si on les surprotège), on pave la voie pour qu'ils demeurent dépendants de nous. Si on ne leur permet pas de faire des expériences normales pour leur âge, on les empêche effectivement de devenir autonomes.

Un enfant ne peut pas traverser les premières années de sa vie sans jamais tomber, sans jamais se blesser, sans la moindre petite maladie ou infection. Chaque petit incident qui survient au quotidien le fait grandir et le rend plus fort.

Les microbes

Au total, nous avons un kilogramme de bactéries dans notre tube digestif, souligne Gérard Corthier, directeur de recherche à l'Institut national de la recherche agronomique (INRA)[6]. C'est le côlon qui concentre le plus de bactéries puisqu'on en trouve 100 milliards dans un gramme de selles ! La grande majorité des bactéries sont neutres pour l'homme, certaines sont bénéfiques et une minorité d'entre elles s'avèrent nocives. Dans ce sens, tenter de faire vivre nos enfants dans une bulle aseptisée peut s'avérer nocif pour leur santé. Nous verrons dans le chapitre suivant comment certaines bactéries peuvent effectivement contribuer à la santé des enfants.

> «"Les enfants, surtout, ne cueillez pas les framboises! Si un renard malade a uriné dessus, il va vous transmettre sa maladie!" [...] Sophie, je l'ai souvent entendue parler ainsi, proférant des anathèmes sur la nature, égrenant la liste impressionnante des microbes en embuscade, prêts à fondre sur nous à la moindre erreur. Ses enfants ont les oreilles farcies de menaces sur leur santé à chaque coin de rue, et surtout de forêt. Cette hypocondrie (bénigne), héritée je crois d'un père médecin (chasseur de microbes professionnel, donc), elle est tranquillement en train de la refiler à ses enfants, comme un microbe justement.
>
> J'ai une autre amie, Mireille [...] qui assène à sa petite fille toute une série d'interdits, assortis de la description des conséquences fâcheuses en cas de transgression: blessure grave, empoisonnement, membres coupés, chutes systématiquement mortelles.
>
> Au risque de paraître irresponsable aux yeux de mes deux amies [...], je préfère ta bouche hilare barbouillée de framboises sauvages, et tant pis pour le mal de ventre, que de déverser sur toi l'urine de renard de mes propres peurs[7].»

Le froid

En période hivernale, plusieurs parents limitent les sorties extérieures de leurs enfants dès que le thermomètre indique 0 °C : ils ont peur qu'ils prennent froid. Pourtant, la Société canadienne de pédiatrie nous apprend que ce n'est qu'à partir de -25 °C (ou d'un facteur éolien donnant une température ressentie de -28 °C) que la peau non couverte peut geler. Dans ce cas, il faut restreindre les activités extérieures. Autrement, il suffit de bien couvrir les enfants et les inciter à bouger. Nous vivons dans un pays de neige et de froid, mais cela ne signifie pas que nos enfants doivent passer la moitié de l'année à l'intérieur. Il faut leur apprendre à profiter et à apprécier l'hiver.

Les prédateurs sexuels

Les parents d'aujourd'hui ont aussi des inquiétudes, largement alimentées par les médias, et que les parents d'hier ne connaissaient pas : ils craignent que leurs enfants subissent l'attaque de prédateurs sexuels et même qu'ils soient enlevés.

Lors d'un congrès international sur les agressions sexuelles, des chercheurs québécois faisaient le point sur les incidences de celles-ci[8]. Au Canada, un déclin de 30 % des agressions sexuelles a été noté entre 1998 et 2003. Au Québec, étonnamment, deux études mettent plutôt en lumière une hausse de 24 % du nombre d'agressions sexuelles perpétrées à l'endroit d'enfants[9]. Comme le mentionnent les auteurs de ces études, il se peut que l'accroissement du taux d'incidence d'agressions sexuelles perpétrées à l'endroit de mineurs soit, en fait, la conséquence de la sensibilisation du public à la nécessité de rapporter ces situations aux autorités. De plus, la médiatisation de « cas célèbres » au milieu des années 2000, comme celui de Nathalie Simard, peut également avoir favorisé le dévoilement d'agressions sexuelles qui auraient autrement été gardées sous silence. Alors la hausse observée du taux d'incidence d'agressions sexuelles commises à l'endroit des jeunes Québécois de moins de 18 ans ne reflète peut-être pas une augmentation réelle du nombre de victimes, mais plutôt un changement dans les pratiques et les politiques sociales.

Oui, les agressions sexuelles existent, mais il faut éviter de voir un agresseur à tous les coins de rue. D'ailleurs, dans 70 à 85 % des cas, les victimes connaissent leur agresseur[10]. Généralement, ce n'est donc pas un étranger qui s'en prend à l'enfant.

Les enlèvements

Quant au risque d'enlèvement, il est plus faible que semblent nous le faire croire les médias. En 2010, François Cardinal en a fait une démonstration éloquente dans son ouvrage *Perdus sans la nature*[11] :

> « Selon la Gendarmerie royale du Canada, 8196 cas d'enfants disparus ont été enregistrés en 2008 au Québec.[…] Du nombre total […] 5707 étaient des fugues. Donc aucun étranger n'était en cause. On compte aussi 1869 cas "inexpliqués" et 515 cas "autres". Selon Pina Arcamone, directrice de l'organisme Enfant-Retour Québec, ces 2375 *(sic)* cas sont presque tous des fugues de la maison ou d'un centre d'accueil. Donc toujours pas d'enlèvements.

[…] Des 105 cas restant, pas moins de 69 sont des enfants enlevés par un membre de la famille, 28 s'étaient tout simplement égarés dans un lieu public et 5 étaient des disparitions liées à un accident, du type bateau qui chavire. […] Il ne reste que 3 cas réels d'enfants disparus au Québec en 2008. Trois cas, donc, sur plus d'un million d'enfants. La probabilité que votre enfant soit victime d'un agresseur est donc d'à peu près 0,00003 %. […] Et pourtant, de manière tout à fait irrationnelle, nous continuons d'avoir peur, d'avoir terriblement peur. […] Les rares cas d'enlèvement occupent une proportion énorme des bulletins de nouvelles : une recherche rapide permet de recenser plus de 3000 textes et reportages électroniques sur la seule disparition de Cédrika Provencher en 2007. »

On peut comprendre les craintes parentales relatives aux enlèvements, mais nous devons nous rendre compte qu'elles sont démesurées par rapport à la réalité.

Des peurs parentales souvent transmises aux enfants

Il arrive que les parents transmettent à leurs enfants leurs propres peurs. Cela entraîne généralement une restriction de leurs activités extérieures. Pensons à la peur des insectes, des animaux ou de l'eau. Or, tous les insectes ne sont pas une menace pour l'humain, tous les animaux ne sont pas dangereux et l'eau ne représente pas un danger en soi.

Les insectes

Dans la nature, on retrouve des insectes piqueurs : moustiques, mouches noires, guêpes, abeilles, etc. Il peut évidemment arriver qu'ils s'attaquent à vos enfants. Ces derniers doivent toutefois s'y habituer, puisqu'ils vivront avec eux toute leur vie. Il n'y a aucune raison de restreindre les sorties extérieures de vos enfants si vous mettez en place les quelques protections de base, présentées au chapitre 5.

Par ailleurs, de nombreux insectes ne piquent pas l'humain : coccinelle, chenille, petite fourmi, sauterelle, papillon. Il est utile de faire cette distinction pour éviter de développer chez vos enfants des peurs irrationnelles.

Votre enfant s'affole devant un insecte ? Votre attitude peut soit le rassurer si vous restez calme, soit renforcer ses peurs si vous manifestez une vive réaction. Alors, vous lui transmettez le message qu'il y a vraiment de quoi s'inquiéter et il développera, lui aussi, une peur des insectes qu'il gardera toute sa vie.

Les animaux

Certains parents ont peur des animaux et, en particulier, des chiens. Pour éviter de transmettre cette peur à l'enfant, il est souhaitable que l'autre parent, qui ne craint pas les chiens et qui est donc plus calme, lui montre comment les aborder. Avant tout, l'enfant doit demander à son père ou à sa mère comme à la personne qui tient le chien en laisse la permission de s'en approcher. Si tous sont d'accord, l'enfant se place de côté, sans regarder le chien dans les yeux, il le laisse lui sentir la main, puis il peut le toucher sur le flan. Bien sûr, tous les chiens ne se laissent pas approcher aussi facilement, d'autres sont tout excités de voir des enfants. Par ailleurs, il faut respecter le rythme de l'enfant dans cette expérience.

Ici aussi, il faut chercher l'équilibre entre protection et permission, et utiliser non pas nos peurs, mais bien notre jugement pour distinguer les deux.

L'eau

Il y a entre 10 et 20 % de la population qui éprouve, à un degré ou à un autre, des peurs liées à l'eau, que l'on nomme aquaphobies[12]. L'un aura peur dès qu'il ne touche plus le fond, un autre ne pourra jamais mettre la tête à l'eau et un autre, enfin, appréhendera même le moment de la douche ou du bain. Pourtant, quel plaisir pour l'enfant de patauger dans un lac, une rivière, une piscine ou dans la mer ! Bien sûr, quelques précautions doivent être prises pour que l'activité dans l'eau soit sécuritaire. Il en sera question au chapitre 5.

L'omniprésence des écrans[13]

Les écrans (télé, ordinateur, jeux vidéo, Nintendo DS®, iPod®, iPad®…) font partie intégrante de la vie des enfants d'aujourd'hui et prennent de plus en plus de place dans leur horaire. Ils livrent une sérieuse compétition au jeu à l'extérieur.

Les jeunes Canadiens du secondaire 1 au secondaire 5 (de la 5ᵉ à la 1ʳᵉ en France) passent en moyenne **7 heures et 48 minutes par jour devant des écrans**[14] !

La télévision occupe beaucoup d'heures dans l'horaire de nos jeunes. Au Québec, les enfants de 2 à 11 ans y consacrent chaque semaine 20 heures[15]. On connaît aujourd'hui l'effet de désensibilisation que peuvent avoir des émissions violentes chez les enfants : « à force de voir des gestes violents […] certains enfants en viennent à les banaliser ; la cruauté envers autrui ne les concerne plus[16] ».

Cette violence vue à la télévision peut également influencer le comportement de l'enfant, comme l'a démontré une récente étude réalisée par Caroline Fitzpatrick au Centre de recherche du CHU Sainte-Justine :

> « On peut voir une corrélation entre l'exposition aux contenus médiatiques violents durant l'enfance et une augmentation des comportements sociaux problématiques comme le repli sur soi et l'agressivité, ainsi que de l'inattention scolaire à l'école. L'effet est modeste, c'est-à-dire une hausse du risque de trois à quatre pour cent, mais il est significatif et persistant.[17] »

Ce lien est noté quel que soit le temps d'exposition. L'écoute de la télévision n'est donc pas complètement inoffensive. Il n'est d'ailleurs pas recommandé que l'enfant ait un téléviseur dans sa chambre ni que l'appareil soit allumé en permanence.

Concernant le monde virtuel, il faut prendre conscience qu'il n'a pas la même richesse d'expériences pour l'enfant que le monde réel. Rester devant l'écran d'un ordinateur est une activité relativement passive: l'activité du corps est réduite au minimum et les partenaires sont absents. Avec les jeux vidéo, le partenaire du joueur est une machine ou alors, quand il joue en réseau, d'autres enfants qu'il ne connaît pas et avec lesquels il n'a que des contacts virtuels. Dans ces jeux, les occasions de créativité, de recherche de solutions, de prise de décisions sont quasi inexistantes. Dans un jeu vidéo, il n'y a que des pseudo-choix, puisque le jeu est déterminé à l'avance dans une suite planifiée.

Le jeune enfant (et l'enfant plus vieux aussi) a besoin de toucher, de manipuler, de bouger, de parler, d'être créatif, de jouer avec de vrais objets et de vraies personnes. À l'âge scolaire, plusieurs enfants, et particulièrement les garçons, développent une véritable dépendance aux jeux vidéo. En l'absence de limites, le jeune voudra jouer toujours plus. Pour éviter d'en venir à cette situation, mieux vaut limiter le temps devant les écrans dès que l'enfant commence à jouer avec des jeux vidéo et imposer des règles d'utilisation précises en déterminant les périodes et le type de jeux. Il est également sage que, tout comme le téléviseur, l'ordinateur ou la console de jeu soit non pas dans sa chambre, mais dans un espace commun; vous pourrez alors assurer une certaine supervision.

Cette supervision aidera également à contrer un autre danger potentiel qui menace les jeunes dans le monde virtuel: les cyberprédateurs. Depuis son lancement officiel à l'échelle nationale, en janvier 2005, le site Web *cyberaide.ca* a reçu, en provenance du Québec, 3 812 signalements d'enfants exploités sexuellement sur Internet. En 2010-2011, il y a eu plus de 8600 signalements au Canada; ce nombre est le plus élevé jamais enregistré en une seule année. Voilà une autre bonne raison de limiter et de superviser l'utilisation de l'ordinateur par nos jeunes.

Pour l'enfant de moins de 2 ans, les écrans ne sont pas recommandés. Pour l'enfant de 2 à 4 ans, la Société canadienne de pédiatrie conseille de limiter le temps passé devant la télévision ou l'ordinateur à moins d'une heure par jour. Les enfants de 5 à 11 ans et les adolescents, quant à eux, ne devraient pas passer plus de deux heures par jour devant l'écran; réduire davantage ce temps est associé à des bienfaits supplémentaires sur la santé[18].

Évidemment, si vous êtes vous-même « accro » aux nouvelles technologies (Facebook, Twitter, iPad®, iPhone®, etc.) et y passez de longues heures, il vous sera difficile de restreindre les activités de vos enfants devant les écrans. Vous n'aurez pas la crédibilité voulue pour les convaincre.

Des aménagements qui ne facilitent pas le jeu à l'extérieur

Pour que les enfants aient du plaisir à jouer dehors, encore faut-il qu'il y ait des lieux aménagés qui leur permettent des activités agréables.

Les municipalités

Les municipalités ne portent pas toujours attention à l'aménagement des espaces verts où les enfants peuvent jouer. Dans les parcs, les équipements de jeu ne sont parfois pas prévus, et s'il y en a, ils ne sont pas toujours très stimulants pour les enfants. De plus, il est souvent interdit de marcher sur la pelouse, encore plus de s'y asseoir ou d'y faire des culbutes. Certaines municipalités vont encore plus loin en adoptant des règlements qui interdisent le jeu dans la rue ou sur les trottoirs. Si on veut rester dans la stricte légalité, alors, adieu la partie de hockey-bottine* ou de ballon dans la rue, même la moins passante ; adieu la promenade en trottinette sur le trottoir. Ces règlements en disent long sur la perception de ces municipalités quant à la valeur accordée au jeu extérieur et à la place faite aux enfants sur leur territoire.

Pour avoir des enfants en santé, il serait important que les municipalités aménagent davantage de pistes cyclables, d'espaces verts et de parcs où jouer de même que des corridors sécurisés pour s'y rendre.

Les écoles et les services de garde

Dans le programme scolaire, il y a de moins en moins de périodes d'éducation physique. Les classes vertes et les classes de neige ont également quasi disparu de l'horaire.

Par ailleurs, les cours de récréation à l'école ne sont pas toujours favorables aux activités physiques. Leur

---

* Pratique du hockey durant l'été, sans patins à glace.

revêtement est plus souvent fait de béton que de sable ou de gravillon. Les blessures risquent d'être alors plus fréquentes lors de chutes. Ce n'est pas étonnant qu'on y tolère peu les activités physiques intenses. Certaines écoles vont jusqu'à interdire aux élèves de jouer au ballon-chasseur, sous prétexte que ce jeu est agressif. C'est pourtant là une excellente activité pour sortir le trop-plein d'énergie chez les enfants et faire en sorte qu'ils se concentrent davantage à leur retour en classe.

Dans les milieux de garde, les récréations à l'extérieur, l'hiver, requièrent beaucoup d'énergie de la part des éducatrices pour habiller la «ribambelle» de petits. Alors que le dernier est prêt à sortir, le premier sue déjà dans ses vêtements de neige. Il est tellement plus simple de ne pas sortir! Parfois, la température ou la météo sert rapidement de prétexte pour suspendre la récréation à l'extérieur. Au Québec, le règlement sur les services de garde éducatifs à l'enfance[19], issu du projet de loi 114, stipule que: «Le prestataire de services de garde doit s'assurer que chaque jour, à moins de temps inclément, les enfants sortent à l'extérieur dans un endroit sécuritaire et permettant leur surveillance.» Reste à savoir comment la direction de chaque service de garde interprète ce qu'est un temps inclément. Ce qui est clair, c'est qu'il est dommage de minimiser ces moments à l'extérieur alors que le plaisir de l'enfant est multiplié par la présence de partenaires de jeu. Par ailleurs, les sorties à l'extérieur permettent de contrer la sédentarité des enfants en service de garde qui, selon l'édition 2010 du *Bulletin* de Jeunes en forme

Canada, passent 89 % de leur temps à faire des activités à prédominance sédentaire[20].

Dans certains milieux de garde, il est même interdit aux enfants de décorer la garderie ou de faire des bricolages avec des objets ramassés dans la nature : branches, cailloux... La crainte des microbes refait surface, privant les enfants d'un contact privilégié avec l'environnement extérieur.

Une récente étude[21] menée à Cincinnati a d'ailleurs identifié trois freins majeurs à l'activité physique dans les services de garde : la peur des blessures, l'aspect financier et l'intérêt poussé pour le développement de compétences scolaires. Pour éviter les blessures, les aires de jeux des garderies misent davantage sur la sécurité. D'où la présence de glissoire en pente douce et de planche à faible mouvement, par exemple, qui rendent ces espaces de jeu moins intéressants puisqu'ils ne proposent pas de défis stimulants aux enfants. Pas étonnant, alors, que ceux-ci les délaissent rapidement. De plus, comme les éducatrices et les parents ont peur des blessures, ils préfèrent souvent que les enfants jouent à l'intérieur, un milieu plus sécuritaire selon eux. Enfin, d'après les éducatrices rencontrées lors de cette étude, nombreux sont les parents qui exercent des pressions pour que leur enfant soit initié à la lecture et à l'écriture, quitte à diminuer les périodes dédiées aux activités physiques.

Pour les auteurs de l'étude, des activités physiques quotidiennes ne sont pas seulement essentielles pour maintenir un poids santé, mais aussi pour développer et pratiquer des habiletés motrices fondamentales, tout autant que des habiletés affectives et cognitives.

Un constat international

La diminution du jeu extérieur ne frappe pas qu'au Québec, au Canada ou en Amérique du Nord. Cet état de fait semble en effet se généraliser dans le monde. Dans une lettre ouverte publiée dans le *Daily Telegraph* en 2007, 270 experts internationaux de l'enfance notaient le déclin du jeu chez les jeunes au cours des 15 dernières années[22] : « Le jeu – particulièrement à l'extérieur, non structuré et peu surveillé – est vital pour le développement de la santé et du bien-être », écrivaient-ils.

Ne pas jouer à l'extérieur prive non seulement l'enfant d'un moyen naturel de se développer harmonieusement, mais aussi de se dépenser physiquement, de stimuler son appétit, son sommeil et sa concentration.

Notes

1. MARSOLAIS, A. *Souvenirs d'enfance*, Longueuil : Béliveau Éditeur, 2011, p. 54.
2. www.kino-quebec.qc.ca/avis.asp. [Consulté le 12 juin 2012].
3. www.participaction.com/fr-ca/Get-Informed/Active-Healthy-Kids-Canada-Report-Card.aspx
   Bulletin 2012 de Jeunes en forme Canada sur l'activité physique chez les jeunes [Consulté le 11 juin 2012].
4. www.activehealthykids.ca/Francais.aspx
   Bulletin 2012 de Jeunes en forme Canada sur l'activité physique chez les jeunes [Consulté le 11 juin 2012].
5. www.kino-quebec.qc.ca/avis.asp [Consulté le 6 juin 2012].
6. CORTHIER, G. *Bonne bactéries et bonne santé*. Réalisé en partenariat avec Danone Research et Nestlé. Éditions QUAE, 2011.

7. TRONCHET, D. *Ton père, ce héros*. Paris: Flammarion, 2006, p. 153-154.
8. COLLIN-VÉZINA, D., M. DE LA SABLONNIÈRE-GRIFFIN, D. SYLVA et M. TOURIGNY. *Nouvelles perspectives sur l'influence des processus de dévoilement et de rétention des dossiers d'agression sexuelle sur le nombre de victimes connues des autorités*. Communication au 6e Congrès international francophone sur l'agression sexuelle, tenu à Montreux, en Suisse, en septembre 2011. Pour avoir accès aux résumés des communications: www3.unil.ch/wpmu/cifas2011/files/2010/02/Cahier-des-résumés-format-PDF.pdf
9. TOURIGNY, M. et coll. *Étude sur l'incidence et les caractéristiques des situations d'abus, de négligence, d'abandon et de troubles de comportement sérieux signalées à la protection de la jeunesse au Québec: rapport final Montréal*. Centre de liaison sur l'intervention et la prévention psychosociales (CLIPP), 2002.
10. www.calacs-tr.org/documents/file/brochurejeunes-2.pdf
    Sur ce site, vous trouverez une brochure qui fait le tour complet de la question, comprenant, entre autres, des moyens concrets pour tenter de prévenir les agressions sexuelles.
11. CARDINAL, F. *Perdus sans la nature*. Montréal: Québec Amérique, 2010, p. 98-99.
12. www.natationpourtous.com/debuter/aquaphobie.php
13. Pour approfondir cette question, voir BOURCIER, S. *L'enfant et les écrans*. Montréal: Éditions du CHU Sainte-Justine, 2010.
14. www.participaction.com/fr-ca/Get-Informed/Active-Healthy-Kids-Canada-Report-Card.aspx
    Bulletin 2012 de Jeunes en forme Canada sur l'activité physique chez les jeunes [Consulté le 11 juin 2012].
15. BOURCIER, S. *L'enfant et les écrans*. Montréal: Éditions CHU Sainte-Justine, 2010.
16. *Ibid.*, p. 59.
17. BARIL, D. « La violence à la télé peut influer sur le comportement de l'enfant ». *Forum*, 23 avril 2012.
18. LIPNOWSKI, S., C.M.A. LEBLANC. « Healthy active living: Physical activity guidelines for children and adolescents ». *Paediatr Child Health* 2012 17 (2):209-210.
19. Loi sur les services de garde éducatifs à l'enfance. (L.R.Q., c. S-4.1.1, a. 106)© Éditeur officiel du Québec, à jour au 1er juin 2012.
    www2.publicationsduquebec.gouv.qc.ca/dynamicSearch/telecharge.php?type=3&file=/S_4_1_1/S4_1_1R2.HTM
20. www.lapresse.ca/vivre/sante/201004/28/01-4274902-les-jeunes-dangereusement-inactifs.php

21. COPELAND, K.A., S.N. SHERMAN, C.A. KENDEIGH, H.J. KALKWARF, B.E. SAELENS. «Societal Values and Policies May Curtail Preschool Children's Physical Activity in Child Care Centers». *Pediatrics* 2012 129:2 265-274.
22. «Let our children play». *Daily Telegraph*, 10 septembre 2007.

Chapitre 2

Et pourtant... les bienfaits du jeu extérieur

> *L'un des plus précieux cadeaux que les parents*
> *peuvent faire à leurs enfants, c'est de leur donner*
> *le goût de bouger et, ainsi, de leur faire découvrir*
> *le bonheur de l'activité physique.*
>
> Josée Lavigueur[1]

Favoriser le jeu à l'extérieur chez nos enfants, c'est contribuer à leur santé et à leur développement.

Le jeu à l'extérieur, un jeu actif

Le jeu est habituellement plus actif à l'extérieur de la maison qu'à l'intérieur. Plusieurs activités ne peuvent d'ailleurs être faites que dehors : courir, tenter d'attraper des bulles de savon, se promener en tricycle, sauter à la corde, jouer à la marelle ou au ballon pour n'en nommer que quelques-unes.

D'autres activités s'avèrent plus intenses et, par conséquent, plus amusantes lorsqu'elles sont faites dehors. Pensons au jeu de la cachette (ou cache-cache). Dehors, l'espace disponible permet davantage d'expériences motrices : courir dans tous les sens, changer fréquemment de direction, prendre des positions inhabituelles (accroupi derrière un arbuste), effectuer des gestes moteurs différents (ramper sous la table de pique-nique ou derrière un buisson). Autant d'expériences inédites que ne connaîtra pas l'enfant qui est confiné à l'intérieur.

> ### Saviez-vous que ?
>
>
>
> Des directives canadiennes en matière d'activité physique[2] recommandent au moins **180 minutes par jour d'activité physique** d'intensité variée, y compris des activités structurées et non structurées (jeu libre) **pour les enfants de 0 à 4 ans.** Parmi les activités suggérées pour ces âges, on retrouve le jeu à l'extérieur et l'exploration de l'environnement.
>
> **Les enfants plus âgés et les adolescents** devraient, quant à eux, accumuler **au moins 60 minutes d'activité physique d'intensité modérée à élevée tous les jours.** Outre les cours d'éducation physique à l'école, c'est le jeu à l'extérieur qui leur offre le plus de possibilités de se dépenser physiquement et de prendre part à des jeux énergiques.

Donner l'envie de bouger à nos enfants, dès l'âge préscolaire, permet de développer de saines habitudes qui seront plus faciles à maintenir durant la période scolaire. « Nous avons la responsabilité de laisser la voie libre à nos enfants et de leur donner le temps, l'espace et la liberté de courir, de décider de leurs propres activités et d'apprendre de leurs erreurs, précise Kelly Murumets, présidente et chef de la direction de ParticipACTION. Ils en ressortiront plus confiants, doté d'un sens de l'aventure et, peut-être, ce qui est le plus important, ayant découvert le bonheur d'être actif [3]. »

Les bienfaits pour la santé

La condition physique

Jouer dehors offre de nombreux bienfaits aux enfants. Cela favorise le maintien d'un poids santé puisqu'ils y dépensent davantage d'énergie qu'à l'intérieur de la maison. De plus, les diverses activités plus vigoureuses auxquelles s'adonnent les enfants à l'extérieur contribuent à maintenir la santé de leur cœur, de leurs os et à développer leurs muscles. En un mot, les enfants sont alors en meilleure condition physique. D'ailleurs, l'Agence de la santé publique du Canada considère l'activité physique comme étant indispensable à une croissance et à un développement optimal.

La défense immunitaire

Nous avons vu au chapitre précédent que les bactéries pouvaient avoir un impact sur la santé. En fait, les milliards de bactéries qui peuplent notre organisme et qui sont présentes dans l'environnement ont quatre fonctions principales : la dégradation de composés d'origine alimentaire (les fibres, par exemple), la production de vitamines (K, B_{12}, B_8, etc.), le développement du tube digestif, et surtout, la défense immunitaire[4]. Sans la flore intestinale, aujourd'hui appelée microbiote, notre système immunitaire est atrophié. Notre microbiote empêche et prévient l'implantation de bactéries dangereuses.

Dans les années 1980 est apparue la théorie hygiéniste selon laquelle des conditions d'hygiène très strictes pourraient priver l'enfant des nécessaires stimulations immunitaires par des micro-organismes divers et avoir un effet négatif sur les maladies à l'âge adulte. De fait, dès 1989, une étude publiée dans le *British Medical Journal*[5] démontrait qu'un excès d'hygiène dans les premières années de vie augmentait le risque d'allergies, plus précisément de rhume des foins, d'asthme et d'eczéma. Il en était de même pour les maladies cardiaques et le diabète. Par la suite, plusieurs études ont accrédité cette théorie selon laquelle les allergies et certaines maladies chroniques pourraient être moins fréquentes à l'âge adulte si l'enfant a pu s'ébattre dans un milieu non aseptisé, quitte à attraper de petites infections de temps à autre.

La prévention de la myopie

De façon étonnante, le jeu à l'extérieur pourrait également contrer l'augmentation très forte des taux de myopie dans le monde. Cette augmentation serait due à la diminution du temps passé par les enfants à l'extérieur, à la lumière du soleil. C'est la conclusion d'une série d'études internationales.

À titre d'exemple, l'une d'elles a comparé des groupes d'enfants habitant Singapour et Sydney[6]. Les taux de myopie des parents étaient similaires, mais chez les enfants, des différences étaient très perceptibles. En effet, chez les petits de Singapour, les taux étaient presque neuf fois plus élevés que chez les jeunes Australiens. Or, le premier groupe d'enfants ne passait en moyenne que 3 heures à l'extérieur, contre 14 pour le second.

Les chercheurs n'ont pas encore trouvé d'explication précise illustrant le lien entre le temps passé à l'extérieur et la diminution de la myopie. Quoi qu'il en soit, dans la communauté scientifique, il commence à y avoir consensus concernant l'importance de l'exposition des enfants à la lumière du soleil.

L'appétit, le sommeil et la concentration

Après avoir joué dehors, après être allé respirer de l'air frais, l'enfant a davantage d'appétit et le sommeil lui vient plus facilement. N'est-ce pas ce que vous-même expérimentiez après une journée passée à jouer au grand air ? Les activités extérieures donnent faim et prédisposent au sommeil. Voilà d'autres bonnes raisons de valoriser le jeu à l'extérieur.

Par ailleurs, jouer dehors contribue également à diminuer l'anxiété et l'agitation chez l'enfant, car il y dépense son trop-plein d'énergie. Diverses recherches démontrent qu'une exposition à des espaces en plein air peut avoir un effet favorable sur la concentration et diminuer l'impulsivité chez les enfants et dans la population en général.

Leur capacité d'attention étant augmentée, on peut alors voir leur rendement scolaire s'améliorer.

L'équilibre dans ses activités

L'horaire des enfants – même d'âge préscolaire – est réglé à la minute près : branle-bas de combat le matin pour quitter la maison à l'heure, journée en service de garde ou à l'école pendant laquelle l'enfant devra suivre une routine bien établie et s'adonner à des activités sédentaires, retour à la maison en fin d'après-midi, un peu de télévision ou de jeu, repas du soir, bain, histoire, coucher. La fin de semaine, l'enfant assiste à des cours structurés où il apprend la danse, le karaté, la musique ou la natation.

Dans l'ensemble de ses activités, il est demandé à l'enfant de se contrôler, d'effectuer les exercices prévus, d'écouter et d'être sage. Pas étonnant alors que 46 % des enfants canadiens passent trois heures ou moins à s'adonner à un jeu actif chaque semaine, y compris les fins de semaine[7]. Où sont les activités physiques plus intenses qui pourraient contrebalancer les activités intellectuelles et sédentaires qui, elles, remplissent leur quotidien ? Quand les enfants pourraient-ils trouver du temps pour faire des activités libres à l'extérieur ?

Il faut concevoir, pour nos enfants, un horaire équilibré qui prévoit une alternance d'activités extérieures et intérieures, physiques et sédentaires, libres et structurées. Alors, l'enfant se développera plus harmonieusement.

La nature, source de connaissances et outil de développement

Aller dehors, c'est aussi être en contact direct avec la nature. Cela permet de découvrir les caractéristiques sensorielles des matières (sable, terre, eau, neige) et le fonctionnement des organismes vivants (animaux, insectes, végétaux). L'enfant peut même faire des expériences de physique en faisant fondre un glaçon dans sa main ou en mélangeant eau et sable pour en faire un gâteau très spécial. Ce rapport avec les éléments naturels enrichit son expérience. De nos jours, la rencontre des enfants avec la nature est malheureusement moins fréquente. Ils la voient à la télévision, mais ils ne la connaissent pas par contact direct et fréquent.

Pourtant, la nature apporte à l'enfant une stimulation de ses sens. Tout jeune, il aimera sentir le vent sur ses mains, sur son visage, se faire bercer dans les bras de maman ou de papa dans la balancelle, écouter les oiseaux chanter, être couché sur le dos ou sur le ventre, sur une couverture, dans l'herbe.

Quelques mois plus tard, il prendra plaisir à être assis sur la pelouse ou à s'y déplacer à quatre pattes. Et ceux qui n'aiment pas sentir l'herbe sous leurs mains ou leurs genoux seront peut-être incités, par cette nouvelle sensation moins agréable, à se mettre debout et à faire leurs premiers pas.

En allant à l'extérieur, l'enfant plus vieux prend conscience qu'il existe différentes sortes d'arbres, de fleurs, d'oiseaux. Il découvre le mode de vie des animaux et des insectes. Il se familiarise avec de nouvelles odeurs (la pelouse fraîchement coupée, le parfum des différentes fleurs, etc.), de nouveaux bruits (le chant des oiseaux, le vent dans les arbres, le cri de l'écureuil), de nouvelles textures (l'écorce, le sable) et la magie du potager dans lequel les légumes poussent.

Aller dehors permet aussi de percevoir le cycle des saisons, comprenant la notion de temps : la durée de l'été, le temps nécessaire pour que fleurissent les lilas… Ce contact avec la nature enseigne à l'enfant le respect de tout ce qui est vivant. Celui-ci établit également des relations entre des phénomènes naturels : la pluie arrose le jardin, le soleil fait sécher. En acceptant que nos enfants passent la majorité de leur temps libre à l'intérieur, on limite leur accès à toutes ces connaissances.

Par ailleurs, certains jeux, lorsqu'ils sont effectués dans la nature, prennent une nouvelle couleur. Ainsi, faire rouler un camion dans le sable est très différent de le faire rouler sur le tapis du salon, la résistance étant tout autre. Dessiner dans le sable avec un bâton n'est en rien comparable à dessiner avec un crayon sur une feuille de papier. C'est la même chose lorsqu'il s'agit de bricoler avec des éléments issus de la nature, comparativement à un bricolage fait à partir des matériaux habituellement utilisés au service de garde ou à l'école.

Il est prouvé que le jeu à l'extérieur apporte une expérience complémentaire à ce que l'enfant peut apprendre à la maison. Il concrétise ce qu'il voit à la télévision, ce qui lui permet de découvrir la nature de façon réelle.

Le jeu extérieur, bénéfique pour les enfants de tous âges

Le jeu à l'extérieur bénéficie autant à l'enfant d'âge scolaire qu'à celui d'âge préscolaire, favorisant ainsi le développement de nombreuses habiletés et compétences.

Pour l'enfant de 1 à 3 ans, ce sera courir, lancer un ballon, s'accroupir, grimper, maintenir son équilibre malgré les dénivellations du sol. L'enfant de 3 à 5 ans développera quant à lui de nouvelles habiletés motrices en jouant au ballon ou à la balle, en se promenant en tricycle, en patinant, en glissant, en se balançant. Son imagination, aussi, sera sollicitée en jouant dehors. Ainsi, il utilisera peut-être des cailloux pour délimiter le chemin à suivre par le camion, et des brindilles pour simuler les arbres le long de la route.

Quant à l'enfant d'âge scolaire, qui a beaucoup d'énergie à dépenser, il pourra la canaliser en se promenant à vélo, en sautant à la corde, en se promenant en trottinette ou en patins à roues alignées. Il développera des habiletés motrices plus complexes en jouant à la marelle, au Frisbee®, en participant à des matchs de sport ; cela favorise également le développement de ses habiletés sociales. Nul doute que l'enfant utilisera aussi son imagination et des stratégies personnelles pour inventer de nouveaux jeux ou s'adonner à certains d'entre eux de façon inusitée.

L'impact du jeu extérieur sur divers états de santé

Tous les enfants tirent de nombreux bénéfices du jeu à l'extérieur, et certains encore plus que d'autres. C'est le cas des enfants obèses, de ceux présentant des troubles déficitaires de l'attention (TDAH) et des enfants stressés.

L'obésité

Le fait d'avoir remplacé les activités récréatives en plein air par des comportements sédentaires d'intérieur contribue fortement à la prise de poids et à l'obésité. Un enfant canadien sur quatre souffre déjà d'obésité: en effet, 26 % des enfants âgés de 2 à 17 ans sont considérés comme obèses ou ayant un surplus de poids[8]. Au cours des 30 dernières années, le nombre d'enfants souffrant d'un surplus de poids a triplé, une constatation alarmante s'il en est!

L'obésité chez les jeunes entraîne divers états de santé, tels l'apnée du sommeil (arrêt de la respiration durant le sommeil), des problèmes orthopédiques, le diabète de type 2 et des maladies cardio-vasculaires. Comme le mentionne Melissa Lem, médecin de famille à Toronto: «Les troubles de santé traditionnellement réservés aux adultes – l'hypertension, le diabète et les problèmes liés au cholestérol – sont à la hausse parmi les jeunes canadiens, et le manque d'activité en plein air y contribue fortement[9]».

Selon Kino-Québec, la majorité des enfants de 12 ans présentent déjà au moins un facteur de risque favorisant le développement de maladies cardiaques à cause de l'obésité, une pression artérielle élevée et un mode de vie trop sédentaire.

Par ailleurs, une étude canadienne, publiée en 2012 et menée auprès d'enfants de 36 à 70 mois, démontre que les enfants ont très tôt des préjugés défavorables envers ceux qui affichent un surpoids[10]. Dans cette étude, un enfant mince leur paraissait plus souvent sympathique qu'un plus gros. Pas étonnant, alors, que certains problèmes psychologiques tels que la dépression et une diminution de la qualité de vie soient également associés à l'obésité.

L'étiologie de l'obésité est multifactorielle, mais les principales causes restent l'apport calorique excessif, des schèmes de comportement sédentaire et une activité physique insuffisante[11]. L'obésité résulte en fait d'un déséquilibre entre l'apport et la dépense d'énergie. Lors d'activités sédentaires, la tentation est plus forte de manger ; on grignote davantage en écoutant la télévision qu'en faisant une promenade au parc. Si l'épidémie d'obésité persiste chez les enfants, cette génération pourrait être la première à vivre moins longtemps que ses parents.

Cette tendance au surplus de poids et à l'obésité constitue un argument en faveur d'activités énergiques régulières. Outre le changement d'habitudes alimentaires, réduire le temps passé à des activités sédentaires et augmenter celui consacré aux activités physiques sont les voies à privilégier pour contrer l'obésité chez nos enfants.

Le trouble déficitaire de l'attention avec ou sans hyperactivité (TDAH)

Trois à cinq pour cent des enfants seraient atteints d'un trouble déficitaire de l'attention, avec ou sans hyperactivité (TDAH)[12]. Une étude menée à l'Université de l'Illinois[13] rapporte que les enfants atteints de TDAH ont démontré une plus grande attention après une promenade de 20 minutes dans un parc, comparativement à une autre promenade dans un centre-ville ou dans un quartier résidentiel. Les enfants qui étaient médicamentés n'avaient pas pris leur médicament pendant cette expérimentation. Les auteurs en arrivent à la conclusion que la nature peut être aussi utile – au moins pour un temps – qu'une dose de stimulants. Plus l'espace est vert, plus il favorise une amélioration de l'attention.

Il demeure toutefois une question: combien de temps les effets d'une «dose de nature» persistent-ils? Quoi qu'il en soit, les auteurs de cette étude considèrent que le jeu extérieur dans la nature peut s'avérer un supplément efficace aux autres approches du TDAH. Bien qu'il ne soit pas certain que cela fonctionne pour tous les enfants, il y a peu de risque à encourager les jeunes à jouer dehors et à voir si leurs symptômes diminuent.

Une autre étude[14] démontre que les enfants qui jouent régulièrement dans des espaces verts ont des symptômes de TDAH moins sévères que ceux qui jouent à l'intérieur.

Richard Louv, auteur du best-seller américain *Last Child in the Woods* (*Le dernier enfant dans les bois*)[15], établit une relation directe entre le manque de contact avec la nature, qu'il appelle un *déficit en nature*, et les tendances qu'il identifie comme étant les plus perturbatrices chez les enfants d'aujourd'hui, soit l'obésité, les troubles déficitaires de l'attention et la dépression.

Le stress

Quoi qu'on en pense, le stress n'est pas réservé qu'aux adultes. Les enfants aussi en subissent l'influence. Le Centre d'études sur le stress[16] nous apprend que les enfants et les personnes âgées sont plus vulnérables au stress que les adultes. Comme le cerveau de l'enfant est en développement, les hormones de stress y accèdent rapidement et elles ont une préférence marquée pour les régions du cerveau stimulant l'apprentissage, la mémoire et la régulation des émotions. Le stress, chez l'enfant, peut mener à des troubles de conduite ou à de l'anxiété. Quand ressent-on du stress? Les facteurs amenant des situations stressantes sont les mêmes chez l'enfant que chez l'adulte; par exemple, une situation imprévisible, nouvelle, qui engendre le sentiment de perte de contrôle, qui est perçue comme une menace pour sa personnalité et donne l'impression qu'on ne saura pas y faire face. Un seul de ces facteurs suffit pour entraîner la production de cortisol, l'hormone qui cause le stress. Si ces quatre facteurs sont présents, le stress est encore plus grand.

À titre d'exemple, l'entrée à l'école ou le passage du primaire au secondaire sont des moments susceptibles de générer du stress chez l'enfant. Ce sont des situations nouvelles et imprévisibles pour lesquelles il ne sait pas trop à quoi s'attendre et sur lesquelles il n'a aucun contrôle (il n'a pas le choix d'aller ou non à l'école, il n'a pas droit de regard sur ce qu'il lui sera demandé). L'enfant peut craindre de ne pas savoir comment y faire face[17]. Bien sûr, d'autres situations peuvent aussi provoquer une production importante d'hormones de stress, par exemple un climat familial tendu, une séparation ou le divorce des parents, sans oublier le stress de la performance, qui est souvent alimenté par les parents qui veulent que leur enfant réussisse avec des notes presque parfaites.

Quand l'enfant accumule des hormones de stress dans son cerveau, il doit pouvoir les éliminer. Le jeu actif à l'extérieur est un moyen d'y parvenir. Jouer dehors peut contrebalancer les situations stressantes puisque l'enfant aura l'assurance que dans ce contexte, il contrôlera la situation qui n'est ni nouvelle ni imprévisible pour lui. De plus, il sait qu'il a les habiletés pour jouer : il ne craint donc pas d'échouer. Jouer dehors ne représente aucune menace pour l'estime qu'il a de lui. Par ailleurs, l'activité physique régulière augmente la production d'endorphines qui contrent le cortisol.

Nous ne pouvons pas éliminer tous les agents de stress de la vie, et nous ne devrions pas essayer de prémunir nos enfants contre le stress. Au contraire, ils doivent lui faire face. En fait, les protéger du stress contribuerait à les surprotéger, et la surprotection peut causer plus de mal que de bien. Ainsi, les enfants peuvent devenir, à long terme, très peu résistants au stress et avoir beaucoup de difficulté à affronter leur premier agent de stress d'importance.

Le jeu est bénéfique pour les enfants. Pourquoi ne pas ajouter une *dose quotidienne de nature* à leur routine ? De nombreux avantages sont là, qui les attendent !

Notes

1. MARSOLAIS, A. *Souvenirs d'enfance*. Longueuil : Béliveau Éditeur, 2011, p.74.
2. www.scpe.ca/directives. [Consulté le 7 juin 2012].
3. « Le jeu actif est-il en voie d'extinction ? » Article disponible sur le Web à l'adresse http://dvqdas9jty7g6.cloudfront.net/reportcards2012/JEF%20 2012%20-%20Bulletin%20sommaire%20-%20FINAL.pdf [Consulté le 10 juin 2012].
4. CORTHIER, G. *Bonne bactéries et bonne santé*. Réalisé en partenariat avec Danone Research et Nestlé. Éditions QUAE.
5. STRACHAN, D.P. « Hay fever, hygiene, and household size ». *British Medical Journal*, 2011 18 ; 299 (6710) : 1259-1260.
6. ROSE, K. et coll. « Myopia, Lifestyle, and Schooling in Students of Chinese Ethnicity in Singapore and Sydney ». *Arch Ophthalmol*. 2008 126 (4) : 527-530. On peut aussi consulter :
   www.e-sante.be/VA-JOUER-DEHORS-C-EST-BON-POUR-TES-YEUX/ACTUALITE/1154
7. www.participaction.com/fr-ca/Get-Informed/Active-Healthy-Kids-Canada-Report-Card.aspx
   Bulletin de Jeunes en forme Canada sur l'activité physique chez les jeunes [Consulté le 11 juin 2012].
8. LIPNOWSKI, S., C.M.A. LEBLANC. « Healthy active living: Physical activity guidelines for children and adolescents », *Paediatr Child Health*. 2012 17 (2) :209-210.
9. www.davidsuzuki.org#fr#blogues#vert-sante#2012#03#la-sante-des-enfants-cest-dehors-que-ca-se-passe [Consulté le 16 mai 2012].
10. WEI, S. et A. DI SANTO. « Preschool children's perceptions of overweight peers ». *Journal of Early Childhood Research* February 2012 10 (1) : 19-31.
11. LIPNOWSKI, S., C.M.A. LEBLANC. « Une vie saine et active : des directives en matière d'activité physique chez les enfants et les adolescents », *Paediatr Child Health* 2012 17 (4) : 211-212.

12. Bélanger, S. et coll. *Le trouble de déficit de l'attention avec ou sans hyperactivité*. Montréal: Les Éditions du CHU Sainte-Justine, 2008, p.15.
13. Faber Taylor, A., F.E. Kuo. « Children with Attention Deficit Better after Walk in the Park », *Journal of Attention Deficit*. 25 août 2008.
14. www.psychomedia.qc.ca/hyperactivite/2011-09-17/tdah-espaces-verts-reduisent-les-symptomes, publié le 17 septembre 2011.
15. Louv, R. *Last Child in the Woods: Saving Our Children From Nature-Deficit Disorder*. 2ᵉ edition, Chapel Hill: Algonquin Books, 2008.
16. www.stresshumain.ca/
17. www.stresshumain.ca/documents/pdf/Mammouth%20Magazine/Mammouth_vol5_FR.pdf
    Le numéro du magazine *Mammouth*, magazine officiel du Centre d'études sur le stress humain, est dévolu tout entier aux stress chez les enfants.

Chapitre 3

Inciter les enfants à aller dehors

> *Nous nous efforçons de donner à nos enfants tout ce qui nous a manqué dans notre jeunesse et nous négligeons de leur donner ce dont nous avons bénéficié.*
>
> James Jobson

Si on prend la voiture pour aller chercher un litre de lait à l'épicerie du coin, si on évite de sortir dès qu'il fait 0 °C ou à la moindre goutte de pluie, si nos principales activités de loisirs sont la télévision et l'ordinateur, il serait étonnant que nos enfants découvrent le plaisir d'aller dehors. Si la technologie est omniprésente dans la vie des parents, s'ils utilisent leur téléphone cellulaire pendant une promenade, si leur attention est captée par leur téléphone intelligent pendant qu'ils assistent à un match de soccer de leur enfant, ils démontrent le peu d'importance qu'ils accordent à ces activités extérieures.

Prêcher par l'exemple

« Les enfants ont plus besoin de modèles que de critiques[1] », disait Joseph Joubert. Répéter à l'enfant qu'il ne va pas suffisamment dehors, qu'il est trop souvent devant l'ordinateur, qu'il est important qu'il aille prendre l'air ne suffit pas. Très observateur, l'enfant note facilement toute incohérence entre ce que disent ses parents et ce qu'ils font, et il retient plus facilement leurs agissements comme modèle que les grands principes qu'ils énoncent.

Le meilleur moyen pour transmettre des valeurs à nos enfants est de prêcher par l'exemple et d'être attentifs à ce que notre comportement véhicule comme message. La maxime : « Fais ce que je dis, ne fais pas ce que je fais » ne fonctionne pas dans l'éducation d'un enfant. Pas plus, d'ailleurs, que l'argument : « C'est bon pour ta santé ». Pour lui faire manger des légumes malgré le fait qu'il n'aime pas ça, il faut viser à ce qu'il découvre que les légumes, c'est bon tout court. Il en est de même pour le jeu extérieur ; il faut en arriver à ce qu'il constate que c'est agréable. « L'enfant n'imite pas n'importe qui. Il imite les personnes qui sont importantes pour lui, celles qu'il aime et qu'il admire[2]. » En ce sens, vous êtes les meilleurs modèles pour vos enfants.

Si vous aimez certaines activités extérieures, si vous appréciez les moments que vous passez dehors, vous aurez plus de facilité à intéresser vos enfants à sortir de la maison.

S'adonner soi-même à des activités extérieures par plaisir et en retirer des bénéfices

En faisant régulièrement des activités extérieures que vous aimez, vous communiquez à vos enfants le plaisir qu'elles vous procurent. En voyant papa ou maman (ou les deux) s'entraîner pour participer à un tour cycliste, l'enfant comprend que ses parents aiment les activités physiques extérieures. Même avec des activités moins spectaculaires, que ce soit faire une promenade tous les soirs, courir régulièrement ou s'occuper d'un potager, la démonstration est également faite. L'enfant voudra imiter ses parents et il développera tout naturellement un intérêt pour l'extérieur.

Par ailleurs, quand vous vous adonnez à une activité extérieure que vous aimez, qui a un sens pour vous, vous en retirez des bénéfices non négligeables : détente, sentiment de bien-être, réduction de l'anxiété. De plus, vous en ressortez avec une énergie renouvelée. En effet, des activités qui sont significatives pour soi servent en quelque sorte de soupape en libérant la tension accumulée et elles permettent de refaire le plein d'énergie[3]. Certains chercheurs[4] ont observé un lien entre l'engagement de la personne dans des activités qu'elle valorise et la perception qu'elle a d'être compétente, capable et valable. On a également démontré que la dépression peut être surmontée quand la personne a l'occasion de tirer une signification particulière de ses activités de tous les jours, quand elle croit à la possibilité de faire des choix et d'avoir le contrôle.

Dans votre horaire, il y a évidemment de très nombreuses activités obligatoires que vous n'avez pas le choix d'accomplir. Pensons aux soins à donner aux enfants, à la préparation des repas, aux activités liées à votre emploi, à l'entretien de la maison ou de l'auto… Ces activités sont plutôt de type sédentaire, ou du moins, vous les faites majoritairement à l'intérieur. En choisissant d'inclure dans votre horaire quotidien une activité qui correspond non pas à vos obligations, mais plutôt à vos intérêts, vous prenez en quelque sorte votre place dans votre propre vie. Effectuée à l'extérieur, cette activité vient contrebalancer votre horaire et contribue à l'équilibrer.

Viser un horaire équilibré

Nous avons parlé d'horaire équilibré pour l'enfant au chapitre précédent. Cette notion est tout aussi valable pour les parents. Un horaire équilibré devrait contenir des activités variées, c'est-à-dire des activités qui demandent de vous dépenser physiquement, qui font appel à vos habiletés mentales et qui favorisent des contacts sociaux et l'expression de vos sentiments. Ces activités vous permettront de satisfaire vos besoins biologiques, psychologiques, intellectuels et sociaux, besoins communs à tout être humain.

Si votre travail est plutôt sédentaire, vos loisirs sont-ils de même nature? Ils auraient avantage à être plus physiques. Si vous êtes à l'intérieur 90 % du temps, il serait indiqué d'augmenter les périodes dévolues aux activités extérieures. De la sorte, vous contribuerez à rendre votre quotidien plus équilibré.

Prendre plaisir à partager des activités extérieures avec vos enfants

Si vous êtes convaincus des bienfaits du jeu à l'extérieur pour vos enfants, en plus de leur servir de modèle, il peut être profitable que vous partagiez, à l'occasion, quelques jeux avec eux.

Entendons-nous bien : il ne s'agit pas de devenir les seuls partenaires de votre enfant dès qu'il met le nez dehors. Il doit développer son autonomie, et pour ce faire, apprendre à jouer seul, à choisir ses jeux, à décider ce qu'il veut faire. Tout petit, l'enfant a besoin que ses parents le guident, mais dès qu'il atteint l'âge de 2 ou 3 ans, il est sage de le laisser prendre les rênes de son jeu, de le laisser s'organiser. Sinon, on le prédispose à rester dépendant de nous. « Élever un enfant, disait Ernest Legouvé, c'est lui apprendre à se passer de nous[5]. » Il faut donc doser notre participation au jeu de l'enfant et le laisser jouer seul de temps en temps, quitte à ce qu'il s'ennuie quand il ne trouve rien d'intéressant à faire. C'est là qu'il est le plus susceptible de se servir de son imagination.

Par ailleurs, il a aussi besoin de jouer avec d'autres enfants de son âge, qui sauront lui apporter une stimulation salutaire et une expérience sociale utile pour son développement. Lors d'une enquête menée en 2012 par Jeunes en forme Canada, 92 % des enfants canadiens ont précisé qu'ils choisiraient de jouer avec des amis plutôt que d'écouter la télévision[6]. Il faut donc graduellement laisser de la place pour des amis.

Toutefois, si vous partagez parfois des jeux avec votre enfant, vous créez alors des moments de complicité avec lui, des moments agréables en famille. Et si vous partagez des jeux extérieurs avec lui, vous vous offrez vous-même un répit, une pause dans toutes vos obligations. Peut-être prendrez-vous conscience qu'en jouant avec lui, vous diminuez votre niveau de stress. Quand vous prenez plaisir à jouer au ballon ou au Frisbee® avec votre enfant, ou encore à faire des bonshommes de neige avec lui, vous ralentissez votre rythme d'activité. Vous vivez pleinement le moment présent et vous en oubliez tout le travail qui vous attend ou que vous avez fait au cours de la journée. Jouer avec votre enfant à l'extérieur vous permet aussi de renouer avec des plaisirs simples: être dans la nature, respirer de l'air pur, se dépenser physiquement.

Un autre effet non négligeable de ce jeu partagé est la connaissance de votre enfant dans un nouveau contexte. Est-il inventif? Tient-il compte de l'opinion des autres? Jusqu'à quel point est-il persévérant? Vous découvrez aussi ses préférences et ses forces particulières.

Quand vous jouez avec votre enfant et lui proposez de nouveaux jeux, il pourra les répéter quand il sera seul: ce faisant, vous l'aidez, éventuellement, à jouer seul. Il voudra peut-être aussi faire connaître ces nouvelles activités à ses amis. Si vous participez aux jeux qu'il met lui-même en place, si vous le laissez mener le jeu,

Inciter les enfants à aller dehors

il partagera avec vous un moment de qualité tout en se sentant valorisé d'être le maître d'œuvre de la situation.

> **Saviez-vous que ?**
>
> Pour que le jeu partagé avec votre enfant soit plus agréable, tant pour lui que pour vous, mieux vaut choisir une activité qui vous plaît et la faire à un moment où vous en avez envie. Sinon, vous n'aurez pas de plaisir et votre enfant le ressentira. En l'absence de plaisir, vous aurez du mal à faire naître l'intérêt chez votre enfant pour des activités auxquelles vous n'êtes pas intéressé ou qui vous déplaisent. À l'inverse, le plaisir est contagieux.

Par ailleurs, il n'est pas toujours nécessaire de jouer avec votre enfant pour lui donner de l'attention. À certains moments, simplement le regarder jouer est suffisant pour maintenir son intérêt. Admirer ses prouesses alors qu'il tente de lancer son ballon dans le panier, le regarder manier ses petites autos dans le bac à sable ou le féliciter pour avoir réussi ses culbutes lui donne le sentiment que vous appréciez ses habiletés et que ce qu'il fait est important, puisque vous prenez du temps pour le regarder. C'est très bon pour l'estime de soi !

Outre des jeux qui font appel à la motricité, vous pouvez également partager avec vos enfants vos connaissances de la nature, les rendant ainsi curieux de leur environnement. Comme nous l'avons mentionné précédemment, apprendre à connaître le milieu naturel dans lequel les enfants évoluent vient contrebalancer leur connaissance du monde virtuel dans lequel ils sont souvent confinés.

Les enfants sont avides de s'instruire dans un contexte informel. De cette façon, ils aimeront apprendre le nom des arbres, des oiseaux, des fleurs, savoir que les pommiers produisent d'abord de superbes fleurs avant les pommes, que les carottes et les radis poussent dans la terre, et non pas comme les haricots ou les tomates que l'on peut cueillir sur le plant.

Des sorties en famille

Les sorties familiales permettent de resserrer les liens et d'avoir du plaisir ensemble. De plus, ces sorties laisseront des souvenirs mémorables à vos enfants.

> **Laissons Mathilde, 4 ans, nous raconter ce qu'elle a retenu de sa visite au Jardin zoologique.**
>
> « Une fois, on est allé au zoo. Un zoo, c'est comme un village, mais *juste* avec des animaux. Ils ont chacun leur maison, comme une famille, et aussi de la place pour se promener à côté de leur maison. Mais ils peuvent pas aller chez leurs amis. J'avais pas peur, même des animaux qui *sontaient* très gros, comme les lions, *pasqu'*il y avait des clôtures très hautes. Les lions viennent de la *Frique*. Maman m'a dit que les lions sont de la même famille que les chats. C'est dur à croire. Ils sont beaucoup plus gros que le chat de Camille. Ils miaulent pas, ils font des gros cris qui font peur. Leurs dents sont très pointues. J'aurais pas le goût de les flatter. Les éléphants aussi sont très gros ; ils font un peu peur mais ils sont drôles avec leur grand nez. Ils sont capables d'attraper des *cahouètes* avec.

Inciter les enfants à aller dehors

> Il y avait aussi de gros ours blancs qui se baignaient dans leur piscine. Quand ils sortaient de la piscine, ils se promenaient, mais ils allaient pas loin : ils marchaient par en avant, puis ils reculaient, ils avançaient, puis ils reculaient. Ils avaient l'air de s'ennuyer.
>
> Il y a aussi des gros oiseaux avec une grande queue de toutes les couleurs. Il y en a un qui l'a placée comme un éventail : c'était beau. Mais je suis sûre que ces oiseaux-là peuvent pas voler : leur queue est bien trop lourde. Les animaux les plus drôles, c'était les singes. Ils se balançaient dans les branches en se tenant avec leur longue queue et leurs bras, qui sont aussi très, très longs. Ils avaient l'air d'avoir du plaisir. Je trouve que les singes ont une face de vieux monsieur. [...]
>
> Moi, j'aime beaucoup les animaux. Papa m'a déjà raconté l'histoire d'un docteur qui était capable de parler aux animaux et qui comprenait ce qu'ils disaient. J'aimerais ça parler à Caramel et comprendre ce qu'il dit quand il jappe. Il y a peut-être une école spéciale pour apprendre ça[7]. »

Lors de sorties en famille, l'enfant enregistre de nombreux détails grâce à son sens de l'observation et il augmente son bagage de connaissances (quoique les notions de géographie ne soient pas encore bien intégrées à 4 ans !).

Beaucoup de ces sorties peuvent se faire dans la nature. Voyons-en quelques-unes :

- **Excursion de pêche.** Voilà une activité riche en nouvelles connaissances et en expériences pour l'enfant. Avant le départ, il peut chercher des vers de terre. Peut-être en trouvera-t-il sous les roches ? Papa ou grand-papa pourra lui apprendre à ramer de même qu'à faire la différence entre une truite et une perchaude. Et quel délice que de goûter au poisson qu'il aura pêché! Une activité inédite et tellement riche pour le petit citadin.

- **Faire du camping.** En camping, l'enfant est en constant contact avec la nature : il mange à l'extérieur, il dort sous la tente, entouré de sa famille, il entend les bruits de la nuit, il découvre peut-être pour la première fois le feu de camp. C'est un moment de grande proximité avec les membres de sa famille et de découvertes sur la vie en plein air.

- **Cueillette de fraises, de framboises ou de bleuets.** Une sortie familiale pour cueillir des petits fruits apprend à votre enfant comment ceux-ci poussent. L'enfant a du plaisir à passer du temps dans les champs avec sa famille. Il doit chercher quels sont les fruits qui sont prêts à être cueillis, et le faire sans arracher le plant. Nul doute que ce sera les meilleurs petits fruits que l'enfant n'aura jamais mangés! Peut-être son bol sera-t-il presque vide à la fin, si l'envie lui a pris de manger les fruits au fur et à mesure, mais il ne sera probablement pas réprimandé pour sa petite gourmandise...

- **Faire un pique-nique à la plage ou au parc.** Pique-niquer est un grand plaisir de l'été pour les enfants (et pour les grands aussi, non?). Ils adorent le dépaysement que cela apporte dans leur quotidien. Ils ne mangent pas à table, mais assis sur une couverture, entourés de leur famille. Le menu est différent et plus simple que celui de tous les jours, et en général, un pique-nique se termine par des jeux. De quoi réjouir tous les enfants !

- **Une sortie à la cabane à sucre.** Voir l'eau d'érable couler dans les seaux, la voir bouillir, puis la goûter une fois étendue sur la neige ; quel ravissement pour l'enfant, et aussi, que d'apprentissages ! Cette sortie dans la nature sera peut-être l'occasion d'une promenade dans un traîneau tiré par des chevaux, probablement les premiers que l'enfant verra d'aussi près. Marcher dans la forêt ajoute aussi du plaisir à cette sortie.

- **Aller cueillir des pommes.** Voilà une sortie familiale que l'enfant voudra répéter chaque automne. Marcher dans un verger, trouver les pommes les plus rouges, en remplir un contenant puis s'en régaler est une activité fort agréable. Ces pommes pourront devenir de la compote, de la gelée ou bien servir à faire une tarte. L'enfant pourra peut-être devenir aide-cuisinier et participer à ces transformations de la pomme.

- **Visite au marché public.** La vue de cette multitude de fruits et de légumes frais lui mettra l'eau à la bouche. L'enfant pourra apprendre des choses des cultivateurs qui les vendent : la sorte de pommes, le nom d'un légume qu'il ne connaît pas, le moment où ces légumes ont été cueillis. C'est véritablement une visite dans la nature… en ville !

- **Visite d'un jardin zoologique.** Comme nous l'avons vu, il s'agit là d'une sortie familiale qui enchantera les enfants. Quel plaisir de voir en vrai tous ces animaux qu'ils ne connaissent que par la télévision. Une leçon de zoologie en direct!

- **Séance de patinage.** Le patinage étant moins cher que le ski en termes d'équipement et ne requérant pas de prix d'entrée, il est accessible à plus de familles. Apprendre à patiner avec papa et maman, faire de timides tentatives pour changer de direction, tenter d'accélérer, tomber quelques fois aussi, voilà une journée bien remplie! Pour l'enfant plus habile, il sera agréable de faire une course avec ses parents et de leur démontrer ses prouesses.

Toutes ces sorties familiales sont autant d'occasions de respirer de l'air pur, de passer de bons moments en famille et de découvrir la nature environnante.

Témoignages

Voyons maintenant le témoignage d'Édith, une fervente adepte d'activités extérieures, tout comme Simon, son conjoint, et ses deux enfants.

> L'activité physique a toujours fait partie de mon enfance et de mon adolescence. J'imagine que mes parents avaient compris qu'avec trois enfants, s'ils voulaient éviter le tintamarre dans la maison, ils n'avaient qu'à nous inscrire à des cours de ski, de ballet, de tennis ou d'équitation. Mon père faisait le taxi, certes, mais cela lui permettait de discuter avec ses filles, temps privilégié et autrement rare lorsque nous étions adolescentes. Les habiletés et connaissances apprises dans ces cours ont permis à mes sœurs et moi d'avoir des emplois d'été ou d'hiver comme monitrices de ski alpin ou de camp de vacances.

Ne dit-on pas que le grand air donne une « belle fatigue » et contribue à une plus grande concentration à l'école ? C'est, en tout cas, comme ça que j'ai ressenti cet équilibre entre l'activité physique et mentale durant toute ma jeunesse.

J'ai d'ailleurs rencontré Simon, mon mari, dans un camp de vacances, alors qu'il était lui-même moniteur de canot. Ce fut d'autant plus bénéfique ! Avant d'avoir des enfants, nous avons passé beaucoup de notre temps de loisirs à faire des activités extérieures en couple : ski de fond, camping, randonnées pédestres, randonnées de vélo, kayak et canot. Encore une fois, ces activités nous permettaient de décrocher, alors que nous étions aux études, et de nous ressourcer dans de paisibles panoramas.

Ce fut donc tout naturel d'initier nos enfants aux activités extérieures, puisqu'elles étaient déjà ancrées dans notre mode de vie. En plus du camping, nous avons fait des voyages avec les enfants alors qu'ils étaient tout jeunes. On se rend vite compte que nous sommes « la maison » de nos enfants, c'est-à-dire qu'ils s'adaptent très bien s'ils sentent que leurs parents contrôlent la situation, qu'ils sont à l'aise. Leur confort est très relatif. Pour eux, s'ils se sentent en sécurité, ils n'ont que faire de quelques piqûres d'insectes, de sauter la douche un jour sur deux ou encore d'avoir à faire des châteaux de sable avec des enfants qui ne parlent pas la même langue qu'eux. De telles expériences créent des souvenirs impérissables qui valent le coup ! J'ai compris la stratégie qu'adoptaient mes parents après être devenue mère moi-même. En effet, mes enfants excellent lorsqu'ils sont stimulés par leur environnement extérieur et qu'ils ont de l'espace pour jouer. De plus, dehors, ils peuvent crier et dépenser leur énergie, chose plus difficile à faire lorsqu'on habite un logement mal insonorisé ceinturé de voisins... (...)

> Je me considère choyée d'avoir des enfants actifs qui aiment que nous participions comme des gamins à leurs jeux. Pas surprenant, alors, que je rêve parfois d'entreprendre de grandes expéditions, événements sportifs ou voyages aux côtés de mon amoureux et de mes enfants, devenus grands. En effet, Simon et moi caressons l'idée de parcourir le fleuve Saint-Laurent en famille, de Montréal à Gaspé, en kayak de mer.
>
> La meilleure façon de promouvoir l'activité extérieure auprès de nos enfants, c'est finalement en prêchant par l'exemple, en démontrant à nos enfants que nous aimons être dehors et en retirons des bienfaits. Les sorties sont toujours plus attrayantes quand elles servent un objectif précis, par exemple aller nourrir les mésanges au refuge de ski de fond avant de revenir boire un chocolat chaud au sommet de la montagne avant la descente, ou faire un pique-nique au meilleur endroit pour attraper les papillons monarques…
>
> Édith, conjointe de Simon et mère de deux enfants

Ce témoignage démontre bien le parcours d'une femme passionnée par la nature qui partage cette fascination avec son conjoint et ses enfants. On peut y voir aussi la confirmation de l'adage : « La pomme ne tombe jamais loin de l'arbre » quand on sait que les parents de Simon, le mari d'Édith, sont eux aussi des amateurs de nature et d'activités extérieures. Son père fait de longues distances en vélo tous les jours et passe ses journées à l'extérieur à travailler sur le terrain. Quant à sa mère, elle jardine tout l'été et adore les promenades dans la nature.

Comme d'autres grands-parents, ils agissent aussi à titre de facilitateurs du jeu à l'extérieur pour leurs petits-enfants.

> Pour savourer le bonheur d'être avec nos petits-enfants, il faut apprécier avec eux les petits plaisirs au quotidien. Pour le plus vieux, qui a 5 ans, j'ai capté son intérêt en pourchassant des insectes avec lui. Son premier papillon monarque, dont il est très fier, il a réussi à l'attraper avec l'aide de sa grand-mère. Depuis, je suis pour lui «la meilleure» pour repérer les papillons. Il a bien essayé de me faire prendre dans mes mains des sauterelles, des vers de terre et une couleuvre, mais sans succès. Comme il est très curieux et s'intéresse beaucoup à tout ce qui touche la nature (plantes, insectes...), j'ai beaucoup de plaisir à faire différentes activités de découverte dans la nature lorsqu'il vient au chalet. Il aime bricoler, alors je lui ramasse des contenants pour ses insectes, des feuilles et des cartons pour se faire un herbier, et pour lui, c'est un beau cadeau.
>
> Avec son frère Éloi, qui est plus jeune, 3 ans, les activités sont différentes : il adore que je l'amène en voiturette, que je le balance (balançoire fixée à un arbre), que je l'observe dans ses prouesses en tricycle et que je joue à la cachette.
>
> Pour le petit dernier, Julien, 9 mois, il est encore trop tôt pour la cachette et les randonnées, c'est encore le temps de le cajoler, de le bercer[8].
>
> Élisabeth, grand-maman de trois petits-fils

Une famille qui développe le plaisir des activités extérieures chez les enfants contribue à ce que cet intérêt se maintienne quand ceux-ci deviendront, à leur tour, des parents, et concourt à une meilleure qualité de vie familiale.

Soyons donc des modèles pour nos enfants en leur démontrant notre plaisir de s'adonner à des activités extérieures et proposons-leur des sorties familiales dans la nature. Quant aux jeux partagés avec eux, allons-y avec modération, soyons des guides discrets, des facilitateurs de jeu, des partenaires occasionnels, soucieux de maintenir leur intérêt pour l'extérieur.

Notes

1. Extrait de *Pensées* tirées du site : www.citations.com/citations-motcle-mode/joseph-joubert/mode-les-enfants-ont-plus-besoin-de-modeles-que-de-critiques--327-303730--.htm [Consulté le 20 juillet 2012].
2. CYR, R. *Prévenir l'obésité chez les enfants – une question d'équilibre.* Montréal : Éditions du CHU Sainte-Justine, 2009, p. 111.
3. FERLAND, F. *Pour parents débordés et en manque d'énergie.* Montréal : Éditions du CHU Sainte-Justine, 2006.
4. WHALLY HAMMEL, K. « Dimensions of meaning in the occupation of daily life ». *Revue canadienne d'ergothérapie* 2004 5:16.
5. Extrait de *Les pères et les enfants* tiré du site : www.evene.fr/citations/mot.php?mot=elever
6. www.activehealthykids.ca/Francais.aspx
7. FERLAND, F. *Mathilde raconte – L'univers de l'enfant d'âge préscolaire.* Montréal : Éditions du CHU Sainte-Justine, 2010.
   Mathilde, une fillette « imaginaire » de 4 ans, rédige son journal dans sa tête parce qu'elle ne sait pas écrire. Les commentaires de l'auteure permettent de comprendre l'univers des enfants d'âge préscolaire.
8. Ce témoignage est d'abord paru dans FERLAND, Francine. *Grands-parents aujourd'hui.* Montréal. Éditions du CHU Sainte-Justine, 2e édition, p. 123-124, 134.

Chapitre 4

Suggestions de jeu à l'extérieur

> *Tous les jeux, y compris ceux qui paraissent les plus simples, recèlent d'antiques sagesses.*
>
> Bernard Werber

Vos enfants peuvent certainement trouver eux-mêmes des activités à faire dehors. Vous-même avez sûrement des idées à ce sujet. Les suggestions proposées ici ont pour but de vous faciliter la tâche. Si vous devez faire une suggestion à votre enfant jusque-là sédentaire, vous pourrez y piger quelques idées. Par ailleurs, cette liste d'activités fait la démonstration des multiples possibilités de jeu à l'extérieur et vise à élargir le répertoire de votre enfant. La stimulation que chacune de ces activités apporte à vos enfants y est également indiquée. Ce n'est pas parce qu'il s'agit de jeu libre que l'enfant n'en retire rien. L'avantage du jeu libre est que l'enfant apprend une quantité de choses sans s'en rendre compte tout en ayant du plaisir.

À partir d'une de ces suggestions, votre enfant trouvera peut-être une façon différente de jouer : il adaptera le jeu à sa façon. En ce sens, ces suggestions peuvent nourrir son imagination. Certaines des activités proposées font appel à des habiletés nouvelles pour vos enfants. Ils auront peut-être besoin que vous fassiez une démonstration, par exemple pour faire chanter un brin d'herbe, faire voler des samares ou préparer le potager.

Après un bref survol des activités qu'il est possible de faire selon les saisons, puis à longueur d'année, des jeux d'observation seront présentés, suivis de quelques jeux traditionnels qui vous rappelleront peut-être de beaux souvenirs.

Certains jeux suggérés s'adressent à de tout jeunes enfants, d'autres aux enfants plus vieux, et plusieurs à des enfants de tous âges. Il est en effet de ces jeux qui, tout en plaisant aux jeunes enfants, peuvent également avoir un intérêt pour les plus vieux, qui sauront les transformer à mesure que leurs habiletés évoluent. C'est notamment le cas des culbutes, du jeu du marchand, des bonshommes de neige et de nombreux autres.

Selon les saisons

L'été

L'été est la saison privilégiée pour les jeux extérieurs et en général, les enfants sortent plus facilement de la maison. D'ailleurs, les activités à faire sont fort nombreuses et variées.

- **Arroser les plantes ou les fleurs avec son petit arrosoir.** Votre enfant aura plaisir à participer à une activité de grands tout en prenant soin des plantes, ce qui l'initie à la nature. Cette simple activité requiert de votre enfant plusieurs habiletés: coordination œil-main (pour diriger son petit arrosoir sous le jet d'eau lors du remplissage), équilibre (pour marcher tout en transportant du liquide), bon contrôle dans sa manipulation (afin de diriger le jet d'eau au bon endroit sur la plante), jugement (pour évaluer à quel niveau remplir l'arrosoir et la quantité d'eau à déverser sur les plantes).

- **Faire pousser une plante.** Vous vous rappelez l'expérience faite dans votre enfance qui consistait à déposer une graine de haricot sur un papier mouchoir mouillé dans un contenant? En quelques jours, la graine avait germé et commençait à pousser. La même expérience peut se faire à l'extérieur, sur le balcon, par exemple. Les haricots peuvent être remplacés par des lentilles; c'est un ravissement pour l'enfant de découvrir les différentes étapes de la croissance des plantes.

- **Être le jardinier attitré.** L'enfant plus vieux peut être responsable d'un coin de votre potager. Il devra y arracher les mauvaises herbes, arroser les plants et cueillir les légumes au bon moment pour les manger en famille. Quel bonheur il aura à présenter à ses proches la laitue ou les carottes dont il se sera occupé!

- **Peindre la clôture ou la terrasse avec de l'eau et un gros pinceau.** Étendre de l'eau avec un pinceau est accessible à un jeune enfant, car cela ne requiert pas de précision. Dans cette activité, votre enfant doit toutefois démontrer une bonne coordination œil-main pour diriger le bol à remplir sous le jet d'eau, une force suffisante pour le transporter, de même qu'un bon équilibre pour éviter de le renverser. L'effet de l'eau sur le bois ou la terrasse étant rapidement obtenu, le plaisir de l'enfant est immédiat !

- **Se faire arroser en passant sous le jet de l'arrosoir.** Alors que vous arrosez la pelouse, votre enfant peut s'amuser à passer rapidement devant l'arrosoir automatique. Il exerce alors ses aptitudes de coureur. Tenter de passer devant l'arrosoir sans que l'eau ne l'atteigne demande stratégie et jugement. S'ils sont plusieurs, chacun doit attendre son tour, une habileté sociale importante à développer. Sans compter le bonheur assuré par une chaude journée d'été !
- **Faire des traces de pas mouillées.** Après avoir trempé leurs pieds dans un bac d'eau, vos enfants peuvent imprimer des traces de pas au sol. Ils peuvent aussi s'amuser à produire des traces de gros ours en marchant lourdement ou, au contraire, marcher sur le bout des pieds comme de petites souris.
- **Laver ses jouets.** Avec un bac à vaisselle, de l'eau, une éponge et un linge à vaisselle, votre enfant aura tout ce qui lui faut pour procéder au grand nettoyage de ses jouets. Cette activité stimule sa motricité fine (il doit insérer l'éponge dans tous les petits recoins des jouets) une bonne coordination des deux mains pour tenir le jouet d'une main et le laver ou l'essuyer de

l'autre. Ce sera peut-être l'occasion pour votre enfant de redécouvrir un jouet oublié. Les vêtements de poupée aussi pourraient avoir besoin d'être lavés ; une corde attachée à un arbre et à une chaise devient la corde à linge improvisée sur laquelle suspendre les vêtements à l'aide de pinces pour les faire sécher.

- **Faire des culbutes sur un matelas d'exercice ou un matelas de camping.** L'enfant de 3 ou 4 ans prendra plaisir à apprendre à faire des culbutes simples. Plus il avancera en âge, plus votre enfant réussira des culbutes complexes. Il voudra peut-être essayer de se maintenir la tête en bas et les pieds appuyés sur la clôture. Toutes ces activités demandent beaucoup de pratique avant d'être maîtrisées. L'enfant prendra alors conscience qu'en persévérant, en ne baissant pas les bras, il pourra éventuellement réussir ce qui, au départ, pouvait lui paraître irréalisable.

- **Faire des bulles dans la piscine**[1]. La base de l'apprentissage de la natation, c'est de faire des bulles dans l'eau, comme nous le verrons au dernier chapitre. Voici quelques jeux à proposer à votre enfant pour y parvenir. Utilisez une paille pour faire des bulles dans la piscine. Puis, déposez une balle légère (une balle de ping-pong, par exemple) dans la piscine et demandez à votre enfant de la pousser avec le nez en ayant le menton dans l'eau. Par la suite, demandez-lui de souffler sur la balle et, par la suite, de souffler sur la balle, mais en ayant la bouche dans l'eau. Graduellement, tout le visage de l'enfant sera dans l'eau tout en faisant des bulles. La dernière étape consiste à lui faire pousser un ballon avec sa tête, le visage immergé en faisant des bulles… la totale !

- **Faire une course à obstacles.** Votre enfant vous réclame pour jouer avec lui alors que vous souhaitez vous reposer ? Pourquoi ne pas lui proposer une course à obstacles ? Vous lui donnez des consignes à suivre, en n'oubliant pas d'y ajouter quelques obstacles pour qu'elle soit plus stimulante : faire deux pas de géants, sauter sur place trois fois, passer sous la table à pique-nique en rampant, puis avancer jusqu'à l'arbre en reproduisant des sauts de grenouilles. Cela est très bon pour stimuler sa motricité globale et sa capacité à suivre des consignes dans un contexte ludique.
- **Jouer dans le sable.** Des petites voitures, divers contenants, des seaux et une pelle : voilà des jouets qui stimuleront l'imagination de l'enfant jouant dans le sable. Il sera heureux d'y dessiner des chemins, des soleils, des maisons ou tout autre objet à l'aide d'une branche. Il pourra également enterrer ses jambes ou ses bras dans le sable, ou ceux d'un partenaire de jeu.
- **Jouer au marchand ou au restaurant.** L'enfant peut mettre en vente des pommes de pin, des brindilles, des cailloux de différentes formes et grosseurs, des brins d'herbe, peut-être même des vers de terre. Des petits cailloux peuvent alors servir de pièces de monnaie. Il s'agit d'un exercice de mathématiques qui sort de l'ordinaire ! Au restaurant, il peut servir une salade d'herbe dans une feuille faisant office d'assiette ou

un gâteau de boue. Ici, c'est l'imagination du chef qui est sollicitée.

- **Jouer assis dans une chambre à air.** Un jeune enfant de 7 à 9 mois aura plaisir à s'asseoir dans une chambre à air recouverte d'une couverture. Son dos étant soutenu par les rebords de la chambre à air, il pourra s'amuser à saisir les objets déposés devant lui, tout en améliorant son équilibre en position assise.
- **Pour l'apprenti marcheur,** pousser une boîte de carton suffisamment haute pour qu'il s'y appuie lui donnera de l'assurance pour ses premiers pas dans l'herbe.
- **Dessiner à l'aide de grosses craies de couleur** sur le trottoir ou dans une cour asphaltée : des dessins colorés qui agrémenteront votre environnement jusqu'à la prochaine pluie.
- **Faire de la musique avec un brin d'herbe** est une habileté inédite à développer. Il suffit de tenir le brin d'herbe entre les deux pouces et de souffler dessus pour produire un son.
- **Fabriquer un herbier.** Cette activité ravira les plus grands. Après avoir ramassé différentes feuilles tombées au sol, l'enfant les place dans un gros livre pendant quelques semaines. Quand elles sont sèches, il les colle dans un cahier et y inscrit leur nom. Peut-être devra-t-il regarder dans un dictionnaire pour être certain de savoir de quels arbres elles proviennent ou alors, il pourra vous consulter et sera impressionné que vous sachiez le nom des arbres.

- **Jouer à la cachette.** Faire cette activité requiert de l'enfant qu'il puisse s'accroupir, se cacher derrière un arbre, tenir son équilibre dans certaines positions précaires et courir. Mais ce jeu sollicite et stimule aussi d'autres aspects de son développement : sa compréhension des règles à suivre (aspect cognitif), ses relations avec les autres (aspect social), sa capacité à tolérer l'attente et la frustration (aspect émotif).

  L'enfant de plus de 6 ans aime que des règles précises régissent le jeu ; il est en mesure de développer des stratégies en essayant de se mettre dans la peau de celui qui compte pour trouver une cachette inédite, et il peut supporter un certain délai avant d'être trouvé. Par contre, l'enfant d'âge préscolaire aura du mal à suivre les règles. Il ne comprendra pas qu'un partenaire puisse le voir alors que lui-même ne le voit pas : ce sera le cas, par exemple, s'il cache sa tête derrière un arbre sans porter attention à son corps qui dépasse et qui est donc visible. Il aura aussi du mal à attendre avant d'être trouvé. Quand des enfants d'âge préscolaire et d'âge scolaire partagent ce jeu, il est fort possible que ces derniers s'impatientent en voyant leurs jeunes partenaires déroger aux règles établies.

- **Fabrication d'échasses.** Si vous êtes un peu bricoleur, peut-être aurez-vous envie de fabriquer vous-même des échasses pour votre enfant. Il vous faut deux perches d'environ 125 à 150 cm (selon la taille de votre enfant), que vous peindrez de belles couleurs. La base de chacune doit être recouverte d'un embout de caoutchouc pour une meilleure adhérence. Il faut ensuite y fixer des blocs de bois en forme de triangle à environ 20 à 25 centimètres du sol. En posant ses pieds sur ces blocs et en se tenant aux perches, votre enfant tentera d'avancer, sans perdre l'équilibre, tel un acrobate. Cette activité n'est toutefois indiquée que pour les enfants de plus de 5 ans.

- **Faire des activités habituellement réservées à l'intérieur.** Ces activités prennent une couleur inédite quand elles sont effectuées à l'extérieur et suscitent un nouvel intérêt chez l'enfant. Il peut s'agir de faire des casse-tête, dessiner ou bricoler sur la table extérieure, jouer avec ses poupées ou ses petites voitures. Les bricolages peuvent s'enrichir d'éléments naturels tels des branches, des petits cailloux ou des plumes d'oiseau. Il pourrait aussi décider de faire un pique-nique pour ses oursons dans la cour arrière ou sur le balcon. Avec de la pâte à modeler, il peut préparer de délicieuses pizzas et des biscuits de toutes les couleurs. Des emporte-pièces pour biscuits peuvent devenir des outils de choix pour jouer avec la pâte à modeler. La créativité et l'originalité sont à l'honneur !

- **Jeux à l'aide de cordes.** Ces jeux favorisent le développement d'habiletés motrices. Saut en largeur : l'enfant doit sauter par-dessus deux cordes posées en parallèle sur le sol. À mesure que l'enfant devient plus habile, on éloigne davantage les deux cordes. Saut en hauteur : deux partenaires tiennent une corde que l'enfant doit traverser en sautant, sans toucher la corde. À chaque réussite de l'enfant, on lève la corde de quelques centimètres. L'enfant peut aussi jouer à faire le funambule en marchant sur une corde déposée sur le sol. Voilà un jeu d'équilibre sans risque de chutes.

- **Faire ricocher un caillou sur l'eau.** Cela demande pratique et force. Papa ou maman peut sans doute montrer la technique à fiston ou à fillette.
- **Faire voler un cerf-volant dans un grand espace.** Un adulte devra nécessairement montrer à l'enfant comment y parvenir. Cela requiert de la pratique et de la force, mais aussi du jugement et de la précision. L'enfant sera ravi de voir son cerf-volant voler dans le ciel.
- **Se faire une maison.** Si vous venez d'acheter un gros meuble, offrez la boîte à votre enfant pour qu'il puisse s'en faire une maison. Vous pourriez pratiquer des ouvertures sur les côtés et à l'avant, qui deviendront les fenêtres et la porte. Votre enfant aura peut-être envie de la peindre ou d'y faire des dessins. Cette maisonnette pourra être utilisée pour se reposer, pour se cacher ou y faire une activité calme.
- **La maison pourrait devenir un poste de télévision ou un théâtre si vous agrandissez l'ouverture sur le côté.** L'enfant pourra alors jouer au journaliste ou donner un spectacle. Évidemment, il faudra protéger cette maison de la pluie. Il est aussi possible de faire une maison avec des serviettes de bain tendues entre deux chaises, ou même avec un parapluie ouvert déposé au

sol et recouvert de serviettes de bain. Il faut vraiment peu de choses pour que l'enfant ait du plaisir.

- **Traverser un tunnel.** Une boîte de forme allongée et ouverte aux deux bouts devient un tunnel que l'enfant pourra traverser à la façon d'un commando.
- **À la plage, faire un gâteau de boue ou un château de sable.** Mélanger une quantité suffisante d'eau pour en arriver à la bonne consistance requiert du jugement et un bon contrôle moteur. Pour la confection du gâteau ou la construction du château, c'est sa créativité que l'enfant mettra à profit. Un seau peut faciliter ces deux activités. Une fois rempli puis retourné, il en sortira un gâteau rond ou une tourelle de château.
- **Jouer au hockey.** Il n'est pas nécessaire d'attendre l'hiver pour jouer au hockey. Un bac déposé sur un côté sur le gazon, une balle et un bâton de hockey, et voilà que tout est en place pour le futur grand athlète.
- **Dévaler une colline en roulant sur soi-même.** Sentir son corps rouler sur lui-même tout en se dirigeant vers le bas de la colline est une nouvelle sensation. Cette activité favorise l'intégration des deux côtés du corps de l'enfant, nécessaire afin qu'il puisse faire deux activités différentes avec chacune de ses mains : par exemple, quand l'une maintient la feuille en place et l'autre gribouille.
- **Faire des bulles de savon.** Les bulles de savon plaisent à tous les enfants. Le jeune enfant ne réussira qu'à les crever du bout du doigt, puis son contrôle moteur

s'améliorant, il saura souffler avec suffisamment de force pour faire des bulles, mais pas trop pour éviter de les crever avant qu'elles ne se détachent de l'anneau. Et pourquoi ne pas faire votre propre recette de bulles de savon ? Il suffit de mélanger 500 ml d'eau, 125 ml de savon à vaisselle liquide et une cuillérée à table de glycérine.

- **Faire du camping dans la cour.** Même en restant à la maison, l'enfant peut connaître la sensation de dormir dehors, avec papa ou maman, dans une tente plantée dans la cour arrière. Une lampe de poche pourrait lui apporter un sentiment de sécurité dans la noirceur de la nuit. Une expérience unique dont il se souviendra longtemps !

L'hiver

Dès que le mercure baisse légèrement, vos enfants restent à l'intérieur ? Dès les premiers signes de l'hiver, ils commencent leur hibernation ? Pourtant, il y a de nombreuses activités amusantes à faire à l'extérieur pendant la saison froide. Nous habitons dans un pays de neige, aidons nos enfants à en tirer profit !

- **Jouer avec des contenants et des seaux dans la neige.** À la fin de l'été, ne rangez pas trop loin les seaux : ils pourront servir à nouveau dans la neige. Après les avoir remplis, vos enfants peuvent les renverser et obtenir des cylindres qui deviennent une tour en les empilant ou une petite clôture en les alignant.

- **Faire des boules de neige pour atteindre une cible.** Une provision de boules de neige peut être utilisée pour tenter de toucher une cible fixe, que ce soit le tronc d'un arbre ou un seau déposé à un endroit précis. C'est une belle activité à faire en famille. Rires assurés !

- **Dessiner sur la neige,** soit avec une branche, soit avec les pieds. Une branche permet à l'enfant de dessiner ce que bon lui semble. Avec les pieds, il peut délimiter un espace représentant sa maison en marchant sur une ligne droite imaginaire, posant un pied devant l'autre.

- **Pelleter la neige.** Enlever la neige des entrées de la maison peut devenir une partie de plaisir en famille, vos enfants y allant avec vigueur pour soulever la neige avec une petite pelle à leur taille. Mieux vaut être indulgent s'ils ne réussissent pas à lancer la neige suffisamment loin. Ils ne sont que des apprentis-pelleteurs !

- **Faire un bonhomme de neige.** Vos enfants savent-ils comment rouler la neige pour constituer le corps d'un bonhomme de neige ? Ils seront heureux d'apprendre à le faire avec vous. Et que de créativité à déployer pour décorer la tête ! Est-ce une carotte, une branche ou un petit caillou qui servira de nez ? Le bonhomme de neige portera-t-il un chapeau, un foulard ? Pour varier, vous pouvez faire un bonhomme de neige assis sur une chaise extérieure ou sur un banc du parc. Installez sur la chaise une grosse boule pour le corps et une plus petite pour la tête. Ensuite, deux cylindres de neige, représentant les jambes, peuvent relier le corps au sol.

- **Faire un fort (sans toit).** Les générations précédentes s'en sont donné à cœur joie en bâtissant des forts en neige. Malheureusement, au cours des ans, des accidents sont survenus et aujourd'hui, cette activité est perçue comme dangereuse. On élimine toutefois le problème si l'on ne fait que quatre murs sans toit. Les enfants ont alors un endroit à eux, où ils peuvent se cacher sans risque.
- **Imiter les anges dans la neige.** Couchés sur le dos dans la neige, vos enfants n'ont qu'à bouger leurs bras de haut en bas et leurs jambes dans un mouvement d'aller-retour. Lorsqu'ils se relèvent, ils peuvent admirer les ailes de l'ange.
- **Glisser.** Y a-t-il une pente près de chez vous que vous pouvez utiliser pour glisser? Connaissez-vous un enfant qui résiste au plaisir de glisser sur une luge avec son père ou sa mère?

Le printemps

- **Préparer le potager** avec papa ou maman (grand-papa ou grand-maman). L'enfant devra retourner la terre, déposer les semences, les recouvrir de terre et les arroser. Que d'apprentissages pour l'enfant, en plus du plaisir de voir pousser ces plantations au cours de l'été!
- **Faire voler des samares.** Après avoir lancé les graines ailées des érables vers le ciel, elles redescendront en tournoyant comme les pales d'un hélicoptère.

Suggestions de jeu à l'extérieur

- **Souffler sur les pissenlits montés en graines**

  > Nous sommes allés dehors et il y avait un pissenlit monté en graine. Pour moi, c'était de la mauvaise herbe que je ne remarquais plus depuis longtemps ; mais pour mon petit-fils de 2 ans, c'était une découverte spectaculaire. Je lui ai montré comment souffler les graines dans le vent et j'ai vu dans son visage qu'il était absolument ravi. J'ai été stupéfaite de l'observer avec les pissenlits. Cela m'a appris à regarder le monde avec ses yeux[2].
  >
  > Rébecca

- **Se balancer sur une balançoire en corde ou un pneu attaché à un arbre.** Pour que la position assise soit plus confortable sur la balançoire en corde, on peut y fixer une planchette de bois. Avec le pneu, l'enfant peut se balancer soit assis, soit couché sur le ventre en donnant des poussées avec ses pieds. Ce type de matériel de jeu montre à l'enfant que les équipements fabriqués à la maison peuvent donner autant de plaisir que ceux achetés en magasin.

- **Conduire un tricycle.** La venue du printemps est l'occasion idéale de sortir les jouets à roues qui seront aussi utilisés à l'été et à l'automne. La conduite du tricycle requiert une bonne perception de l'espace pour s'orienter, évaluer les distances et éviter les obstacles, en plus des habiletés motrices qui permettent à l'enfant de pédaler et de manier son guidon pour diriger le tricycle. L'enfant de 3 ans réussit à conduire son tricycle avec efficacité.

- **Se balader en trottinette.** Avec la trottinette, l'enfant s'exerce à garder son équilibre sur un engin à deux roues, et ce, sans risquer une chute dangereuse. Précisons qu'il en existe munies de trois et même de quatre roues, assurant ainsi davantage de stabilité. Vers l'âge de 4 ans, l'enfant peut avancer avec sa trottinette, surtout si elle a trois ou quatre roues. Pour celle à deux roues, il faut attendre qu'il soit un peu plus vieux.
- **Faire du vélo.** Comparativement au tricycle, la bicyclette est moins stable et plus difficile à manier. En effet, votre enfant se retrouve plus éloigné du sol et l'équilibre est ardu à trouver, compte tenu de la largeur des pneus. De plus, il lui faut atteindre une certaine vitesse pour maintenir son équilibre. Des roues stabilisatrices fixées à la bicyclette facilitent la transition du tricycle à la bicyclette. Il existe aussi une barre d'apprentissage (girafe) qui peut relier le vélo de l'enfant à celui de l'adulte. Ce dernier peut alors contrôler le vélo de son enfant si jamais celui-ci venait à se déséquilibrer. Les risques de chute sont éliminés et l'enfant prend plaisir à pédaler au rythme de papa ou maman. L'enfant de 6 ans est en général apte à conduire sa bicyclette.

L'automne

- **Ramasser les feuilles** tombées des arbres pour en faire un gros tas dans lequel sauter. Peut-être votre enfant aura-t-il l'idée de faire une pluie de feuilles en les lançant dans les airs?

Suggestions de jeu à l'extérieur

- **Chercher des branches,** des feuilles et des brindilles qui pourront être utilisées pour des bricolages. Une petite branche peut devenir un arbre, un chemin ou une clôture sur le carton de bricolage.
- **Se promener sous la pluie.** Lors d'une journée pluvieuse, l'enfant trouvera amusant de faire une promenade sous la pluie et il découvrira son environnement sous un autre jour, ou plutôt sous une autre lumière. Bien couvert d'un imperméable, coiffé d'un chapeau et muni de bottes de pluie, il aura plaisir à sentir la pluie sur son visage. Peut-être prendra-t-il l'initiative de sauter à cloche-pied dans les trous d'eau. Aucun problème puisqu'il est bien couvert!

En toutes saisons

- **Jeux de ballon et de balle.** Jouer avec un ballon ou une balle stimule chez votre enfant la coordination de tout son corps ainsi que son équilibre dynamique, soit son équilibre pendant qu'il bouge. Cette activité requiert une bonne perception de l'espace et du jugement: il doit évaluer la distance et la force à donner à son lancer pour atteindre le but visé. Jouer au ballon est plus facile que jouer à la balle, car l'objet est plus gros. L'enfant saura lancer avant de savoir recevoir. Il faudra attendre qu'il ait 4 ou 5 ans avant qu'il puisse lancer une balle par-dessus son épaule ou par en dessous. Toutes les habiletés développées avec une balle et un ballon constituent la base pour éventuellement jouer dans une équipe de soccer ou de baseball, ce que l'enfant sera en mesure d'apprécier à compter de 6 ans, alors qu'il aimera les jeux basés sur des règles précises qu'il sera en mesure de comprendre.

- **Jouer au Frisbee®.** L'enfant d'âge scolaire est apte à apprendre à lancer puis à attraper un Frisbee®. Il n'est cependant pas évident de le diriger vers la cible. La pratique est de mise.

- **Courser.** Pourquoi ne pas faire la course avec vos enfants ? Cela peut être au parc, sur le trottoir ou au terrain de jeu. En hiver, courir dans la neige folle (neige poudreuse) demande beaucoup d'énergie ; il n'est pas certain que vous gagniez.

- **Promener toutou.** Invitez l'enfant à promener le chien avec vous ou, s'il est plus vieux, à le faire seul. Avoir un chien est le prétexte idéal pour inciter l'enfant (et l'adulte aussi) à sortir tous les jours. Le chien peut aussi devenir un partenaire tout désigné pour jouer avec l'enfant. Il aura plaisir à aller chercher la balle ou la branche que l'enfant aura lancée au loin. Mais acheter un animal de compagnie ne doit pas se faire sur un coup de tête. C'est un engagement à long terme qui comporte des responsabilités. Il vaut mieux bien y réfléchir avant d'acquiescer à la demande répétée de votre enfant de posséder un animal.

- **Observer les nuages devenir... ce qu'on veut.** Lors d'une journée nuageuse, invitez votre enfant à observer les nuages. À quoi lui font-ils penser ? Peut-il y voir une forme particulière? Celui-ci ressemble à une souris, non? Et celui-là? Voilà un jeu qui stimule la créativité et l'imagination de l'enfant.

Des jeux d'observation

- **Observer les insectes et les animaux.** Nul besoin d'avoir un animal domestique pour avoir accès au monde animal. Les fourmis qui se déplacent entre les tuiles de la terrasse ou sur le trottoir sont passionnantes à observer. Que transportent-elles sur leur dos? Où est l'écureuil qu'on entend bouger dans les branches de l'arbre? Et l'oiseau qui chante? Oh! Voilà une coccinelle! Et une sauterelle! Pourquoi les appelle-t-on «sauterelles»? Une telle observation de la nature est une façon dynamique de découvrir la vie autour de chez soi.

- **Faire la chasse aux insectes.** Vous pouvez construire une cage à insectes à partir d'une bouteille de plastique transparente; vous trouverez des suggestions dans ce sens sur le site *Naître et Grandir*[3]. Une fois que votre enfant a attrapé un insecte, qu'il l'a observé et qu'il en a discuté avec vous, il peut le relâcher.

- **Observer les arbres.** Votre enfant a-t-il déjà observé l'écorce des arbres et leurs sillons? Et la différence des feuilles d'un arbre à l'autre? A-t-il remarqué que les conifères (pin, sapin, cèdre...) gardent leurs aiguilles l'hiver alors que d'autres, les feuillus (érable, orme, chêne...), perdent leurs feuilles?

- **Observer les oiseaux.** L'enfant a-t-il observé que certains oiseaux restent parmi nous pendant la saison froide ? Peut-il les nommer ? Et pourquoi ne pas lui donner la responsabilité de la nourriture dans les mangeoires ?
- **Écouter le chant d'un oiseau et essayer de le reproduire.** Tentez de différencier le chant d'un cardinal de celui d'un geai bleu, puis essayez de les imiter. L'enfant peut aussi tenter d'appeler un hibou. Même s'il s'agit d'un oiseau nocturne, rien n'empêche d'essayer en reproduisant son bruit : hou, hou.
- **Observer la nature environnante avec une loupe,** cet outil magique qui grossit tout. Le jeune découvrira la texture très particulière de l'écorce d'un arbre, les nervures d'une feuille, les multiples détails d'une plume.
- **Marcher en forêt.** Une promenade en forêt est l'occasion de mille observations. L'enfant pourra peut-être voir et entendre un pic-bois à l'œuvre, toucher le doux tapis que constitue la mousse, marcher en équilibre sur le tronc d'un arbre qui est tombé, apercevoir une perdrix ou entendre le vent souffler dans les arbres.
- **Promenade nocturne.** Sortir une fois la nuit tombée fera découvrir à l'enfant son voisinage sous l'éclairage magique du soir. Tout apparaît si différent avec les lumières des maisons et celles des lampadaires ! Et s'il levait les yeux pour observer les étoiles ? La lune est-elle visible ? C'est une belle occasion de lui faire découvrir la voûte céleste et lui apprendre le nom de certaines

constellations. Autre avantage : si votre enfant est agité ou tout simplement s'il a du mal à s'endormir, une promenade le soir remplacera avantageusement une demi-heure de télévision avant de se coucher. Il prendra alors une bouffée d'air frais qui l'aidera à être calme et détendu. Sortir le soir, surtout en hiver, alors que le soleil est couché depuis quelques heures, est une activité de grands que l'enfant appréciera également.

- **Collectionner des cailloux ou des pierres** et en observer les différences. L'enfant pourrait les classer selon leur forme, leur taille. Peut-être devra-t-il les laver. Il sera peut-être tenté de reproduire leur forme en dessinant le contour sur un papier. Peut-il les disposer pour en faire des formes d'animaux ou de personnages ? Des petits cailloux plats peuvent devenir des marque-places à la table si l'enfant inscrit dessus le nom des invités. Voilà des activités qui stimulent la perception des formes et des grosseurs tout autant que la créativité de l'enfant.

Des jeux traditionnels

Les jeux traditionnels présentés ici s'adressent surtout aux enfants de 6 ans et plus puisqu'ils demandent de bien comprendre les règles qui les régissent. Certains requièrent des habiletés motrices assez complexes. Ces jeux que vous apprenez à vos enfants pourront être partagés avec leurs amis.

- **La tague**[*]. Il existe plusieurs variantes de ce jeu. Le principe est cependant toujours le même. La personne qui a la tague court pour attraper les autres. Dans sa plus simple expression, la personne qui est touchée doit s'arrêter jusqu'à ce qu'elle soit délivrée, c'est-à-dire jusqu'à ce qu'un autre joueur vienne la toucher. Dans la tague malade, la personne rejointe par le meneur de jeu doit s'arrêter et toucher la partie du corps qui a reçu la tague jusqu'au moment d'être délivrée. Dans la tague gelée, en plus d'arrêter de courir, la personne doit maintenir la position dans laquelle on l'a touchée. On ne joue habituellement pas à la tague l'hiver, mais pourquoi donc ? Ce pourrait être amusant d'essayer d'y jouer dans la neige.

- « Qui est-ce qui l'a, c'est Marie Stella ». Vous rappelez-vous ce jeu ? Il requiert au moins trois ou quatre enfants. L'un d'eux se place devant les autres et leur tourne le dos. Puis il lance un ballon vers l'arrière, donc vers les autres enfants, un peu comme la mariée qui lance son bouquet aux invitées. Si l'un des joueurs attrape le ballon, c'est à son tour de le lancer. Si personne n'attrape le ballon, l'un des joueurs le récupère et le place dans son dos. Les autres enfants font aussi semblant d'avoir le ballon en imitant sa pose. Tous entament ensuite en chœur : « Qui est-ce qui l'a, c'est Marie Stella ». Alors, le joueur qui a lancé le ballon se retourne et doit deviner qui possède vraiment

---

[*] Ce jeu ressemble à celui du chat perché, populaire en Europe.

le ballon, caché dans son dos. S'il choisit la bonne personne, il lance à nouveau. S'il échoue, c'est celui qui a le ballon qui devient le lanceur.

- « **Jean dit*** ». Les joueurs sont en cercle. Le meneur de jeu donne les consignes en les faisant précéder ou non par « Jean dit ». Quand il commence une consigne par « Jean dit », les autres doivent l'exécuter. Par contre, si la consigne n'est pas précédée par « Jean dit », ils ne doivent pas bouger. Si un joueur bouge quand même, il est éliminé. Voici quelques exemples de consigne : « Jean dit : tenez-vous sur une jambe », « Jean dit : mettez vos mains sur la tête », « Sautez », « Grattez-vous le nez ». On peut jouer à « Jean dit » avec un seul enfant, mais alors le plaisir est moindre puisque non partagé avec d'autres jeunes. Toutefois, ce peut être une façon d'initier votre enfant à ce jeu avant qu'il puisse y jouer avec les autres.

- « **Kick la cacanne** » (frapper la boîte de conserve). L'un des participants frappe une boîte de conserve vide avec le pied pour la projeter le plus loin possible. Le premier joueur désigné court pour récupérer la boîte de conserve et la rapporter à son point d'origine pendant que les autres joueurs vont se cacher. Tout joueur qui réussit à toucher à la boîte de conserve avant d'être découvert par le joueur désigné est délivré. Si, au contraire, un joueur est touché par le joueur désigné avant de toucher la « cacanne », il se retrouve en prison (un endroit déterminé à l'avance, généralement

---

* Dans certaines régions ou pays, on joue plutôt à « Jacques a dit ».

pas trop loin de la cacanne). Tout joueur caché peut aussi donner un coup de pied à la boîte de conserve, ce qui libère les joueurs capturés. Si le joueur désigné réussit à capturer tous les autres joueurs cachés, la partie est terminée et on recommence le jeu avec un nouveau joueur désigné. Ce jeu, connu depuis plusieurs générations, est en fait une variante du jeu de la tague.

- **Sauter à la corde** en disant les mois de l'année à chaque saut. On peut aussi tenter d'entrer dans la corde que font tourner deux partenaires. Cela demande beaucoup de coordination et rejoint les habiletés de l'enfant d'âge scolaire. Cette activité n'est pas réservée qu'aux filles : la corde à sauter fait partie de l'entraînement des boxeurs.

- **La marelle.** Savez-vous jouer à la marelle ? On trace des cases à la craie sur une surface asphaltée ou avec un bâton sur le sable. En voici un exemple :

Chacun des enfants lance un caillou dans la première case, puis saute à cloche-pied dans les autres cases jusqu'à ce qu'il atteigne le « ciel ». Il ramasse le caillou au retour. Si le caillou se retrouve dans la case de l'« enfer », il passe son tour. Un autre joueur commence. On ne doit jamais marcher sur les traits ni poser les deux pieds au sol, sauf sur les doubles cases (4 et 5, 7 et 8). Une fois revenu sur « terre », on lance le caillou dans la deuxième case jusqu'à ce qu'on atteigne le ciel.

Suggestions de jeu à l'extérieur 93

Ciel
Enfer
7 / 8
6
4 / 5
3
2
1
Terre

- **Jouer au petit cochon (ou au mouchoir).** Les joueurs se placent en cercle. Le meneur a en main un mouchoir (un caillou ou tout autre objet) et il circule derrière les autres joueurs sans que ceux-ci se retournent. Au moment de son choix, il laisse tomber le mouchoir derrière l'un des joueurs. Une fois que le meneur a fait le tour du cercle, c'est-à-dire qu'il est passé derrière chaque participant, chacun regarde derrière lui pour savoir si le mouchoir s'y trouve. Si c'est le cas, l'enfant doit le ramasser puis courir pour attraper le meneur qui, pour sa part, doit tenter de prendre la place laissée libre dans le cercle par le poursuivant. S'il réussit, le poursuivant devient le meneur. Si le poursuivant touche le meneur avant qu'il ait réussi à prendre sa place, ce dernier devient un petit cochon et se place à l'intérieur du cercle. Il sera délivré par le prochain joueur qui réussira à reprendre sa place dans le cercle en déjouant son poursuivant.

Les idées ne manquent pas pour intéresser les enfants à jouer dehors. À la lecture de cette liste, on constate également qu'il n'est pas nécessaire d'avoir des modules de jeu sophistiqués ou des jouets hors de prix pour que les enfants s'amusent. Dans la première édition de son livre, en 1972, Dodson[4] proposait une façon simple d'identifier un bon jouet. Selon lui, si 90 % du jeu venait de l'enfant et 10 % du jouet en lui-même, c'était un bon jouet. La grande majorité du matériel de jeu proposé ici (sable, ballon, neige, arrosoir, caillou, etc.) requiert que l'enfant soit actif pour que le jeu apparaisse, contrairement aux modules de jeu qui, eux, proposent une façon prédéterminée de jouer et fournissent par leur seule présence une grande partie du jeu.

Il n'est donc pas nécessaire, ni même utile, de se lancer dans la consommation pour susciter l'intérêt de nos enfants à jouer à l'extérieur. Allons-y de notre créativité sans oublier d'inciter l'enfant à développer la sienne. Parmi les activités proposées ici, suggérez à votre enfant celles qui répondent à ses intérêts et à ses préférences. Cela augmentera sensiblement vos chances de réussir à le convaincre de sortir de la maison.

Notes

1. Cette suggestion nous a été fournie par Guilaine Denis, directrice aux opérations et service à la clientèle à la Société de sauvetage – Division du Québec.
2. FORD, J. *Les merveilleuses façons d'être grands-parents*. Laval: Les Éditions Modus Vivendi, 1997.
3. http://naitreetgrandir.com/mag/cage-insecte
4. DODSON, F., *Tout se joue avant six ans*. Paris: Marabout, 4e édition, 2012.

Chapitre 5

Jouer dehors en toute sécurité

Chaque homme cache en lui un enfant qui veut jouer.

Friedrich Nietzsche

Pour rendre le jeu extérieur sécuritaire pour vos enfants, trois types de mesures s'imposent : des mesures de protection pour votre enfant lui-même afin de contrer, par exemple, les effets du soleil ou des insectes ; des règles de sécurité à lui enseigner concernant certaines activités comme les glissades ou les jeux dans la neige et, enfin, un aménagement de l'environnement qui minimise les possibilités d'accidents.

Avec les précautions et les recommandations présentées dans ce chapitre, vos enfants pourront bénéficier pleinement des activités extérieures, et vous serez moins inquiets pour leur santé et leur sécurité.

Écran solaire

Un bébé de moins de 6 mois ne devrait pas être exposé au soleil, et on ne recommande pas d'appliquer des écrans solaires à cet âge[1]. Il faut donc le garder à l'ombre en tout temps. Pour le protéger, on couvre sa tête d'un bonnet ou d'un chapeau à large rebord et on lui met un vêtement à manches longues puisque les vêtements protègent mieux la peau que les écrans solaires.

Pour les enfants plus vieux, choisissez un écran solaire avec un facteur de protection de 30 ou plus et vérifiez que cette crème est à spectre large, c'est-à-dire qu'elle protège à la fois contre les rayons UVA et UVB, les rayons dangereux du soleil. Les écrans solaires qui contiennent des substances comme le dioxyde de titane et le dioxyde de zinc protègent des rayons UVA et UVB.

Appliquez l'écran solaire en abondance sur toutes les parties du corps exposées au soleil, surtout sur le visage et le cou. Répétez l'application quand l'enfant sort de l'eau et à toutes les deux ou trois heures. Quand il joue dehors l'hiver, protégez sa peau avec ce même écran ; il peut prendre un coup de soleil même par une journée froide ou pluvieuse puisque les rayons UV passent à travers les nuages.

Par ailleurs, sachez que les rayons du soleil sont au plus fort entre 11 heures et 14 heures. L'été, mieux vaut donc choisir une autre période de la journée pour envoyer les enfants dehors. Plus votre enfant a la peau pâle, plus il sera susceptible d'attraper des coups de soleil.

Protection contre les moustiques

Voici ce que vous suggère Santé Canada[2] pour protéger vos enfants contre les moustiques :

- Faites porter à votre enfant des vêtements clairs qui sont moins attirants pour les moustiques. Tôt le matin ou au crépuscule, alors que les moustiques sont très actifs, optez pour un chandail à manches longues, un pantalon et des souliers fermés.
- Comme les moustiques prolifèrent dans l'eau stagnante, il faut vider la toile qui recouvre la piscine, les assiettes sous les pots de fleurs, les bols d'animaux, la pataugeoire et les autres articles similaires. Videz et nettoyez la baignoire d'oiseaux deux fois par semaine et nettoyez régulièrement les gouttières afin d'éviter qu'elles se bloquent et qu'elles retiennent l'eau.
- Choisissez et employez uniquement un insectifuge (chasse-moustiques) étiqueté comme *insectifuge personnel pour utilisation humaine*. N'utilisez jamais un produit étiqueté comme insecticide sur votre corps ou celui de votre enfant. Appliquez le produit en petite quantité, seulement sur les régions exposées et sur les vêtements. Évitez d'en mettre sous les vêtements. Lorsque vous utilisez un insectifuge en aérosol, ne le vaporisez pas directement sur le visage, mais plutôt dans vos mains, puis appliquez-le sur le visage de votre enfant. N'enduisez pas les mains d'un enfant d'insectifuge. Vous éviterez ainsi qu'il s'en mette dans les yeux ou dans la bouche.

- On peut utiliser un produit homologué contenant du DEET, à condition de bien respecter le mode d'emploi. Santé Canada prévoit les concentrations suivantes, selon les différents groupes d'âge :
  - Concentration en DEET jusqu'à 30 % pour les adultes et les enfants de plus de 12 ans. Chaque application devrait être efficace contre les moustiques pendant six heures.
  - Concentration jusqu'à 10 % pour les enfants âgés de 2 à 12 ans. On peut faire jusqu'à trois applications par jour, qui ont une efficacité de trois heures chacune.
  - Concentration jusqu'à 10 % pour les enfants âgés de 6 mois à 2 ans. Il faut se limiter à une seule application par jour et ne pas appliquer le produit sur le visage ou sur les mains. L'efficacité de l'application dure également trois heures.
- Les insectifuges à base de DEET ne sont pas recommandés pour les nourrissons de moins de 6 mois. À l'extérieur, installez plutôt une moustiquaire autour du berceau, du parc ou de la poussette.
- Si vous voulez appliquer un insectifuge et un écran solaire, mettez d'abord l'écran solaire au moins 10 minutes avant que l'enfant sorte à l'extérieur. Laissez le produit pénétrer la peau, puis appliquer le chasse-moustiques.

Les précautions à prendre sur le balcon

Le balcon sur lequel joue l'enfant doit être entouré de barrières protectrices pour empêcher celui-ci de se glisser entre les barreaux. De plus, il faut éliminer les boîtes ou les petits bancs sur lesquels un jeune enfant pourrait grimper et risquer de basculer dans le vide. D'ailleurs, un jeune enfant qui s'amuse sur un balcon doit toujours être surveillé par un adulte.

Les précautions à prendre avec :

Un bac à sable

Quand le bac à sable n'est pas utilisé, il doit être recouvert pour éviter qu'il ne devienne une litière pour les chats du voisinage. Une grande bâche ou une toile épaisse peut faire l'affaire, ou encore un couvercle fait de planches de bois. Il est fortement conseillé de désinfecter le sable au début du printemps et de répéter l'exercice quelques fois durant l'été.

Voici une recette maison pour fabriquer un désinfectant[3].

- Préparez une solution d'eau javellisée en mélangeant 10 parties d'eau pour une partie d'eau de javel à 5 ou 6 %.
- Utilisez un arrosoir pour verser la solution dans le bac à sable.
- Retourner le sable avec une pelle ou un râteau.
- Attendez 24 heures avant de permettre à vos enfants d'y jouer.

Une pataugeoire

Une pataugeoire doit être vidée lorsqu'elle n'est pas utilisée, et renversée pour éviter qu'elle ne soit remplie par la pluie. Il est important d'enseigner à l'enfant de demeurer assis dans la pataugeoire. Lorsqu'il se baigne, la surveillance d'un adulte est requise en tout temps, même si la petite piscine contient peu d'eau. En effet, comme nous le dit l'Association canadienne de pédiatrie, les enfants peuvent se noyer dans à peine quatre centimètres d'eau.

L'équipement de jeux extérieurs

L'équipement de jeux extérieurs (balançoires, glissoires...) doit être solidement fixé au sol. Par ailleurs, le jeune enfant qui joue sur des balançoires ou sur une glissoire doit être surveillé, que ce soit au parc du quartier ou dans sa cour. Cette surveillance doit être accrue s'il y a plus d'un enfant. Une balançoire lâchée brusquement peut facilement blesser un autre enfant. Se suivre de trop près sur une glissoire peut aussi être une cause d'accident. On doit donc enseigner à l'enfant diverses règles de sécurité et être présent pour l'aider à les appliquer.

Par ailleurs, si vous installez un module de jeu dans votre cour, privilégiez un sol recouvert de sable ou de gravillon (des cailloux lisses et ronds de la taille d'un pois) plutôt que d'herbe, de terre, d'asphalte ou de béton. Il est sage de couvrir les chaînes des balançoires d'une matière lisse comme le plastique pour éviter que les doigts des enfants ne s'y coincent. Sur la glissoire, on invite l'enfant à s'installer en position assise, les pieds devant. Glisser sur le dos ou à plat ventre peut s'avérer dangereux pour un jeune enfant.

Si une barrière extérieure délimite votre terrain, assurez-vous que votre enfant ne puisse passer ni dessous, ni dessus.

Les vêtements d'hiver

Les pinces pour tenir les mitaines sont préférables à la cordelette passée autour du cou de l'enfant, laquelle peut devenir source d'étranglement. Pour les mêmes raisons, mieux vaut opter pour un cache-col que pour un foulard. On élimine alors le risque que le foulard se prenne dans les modules de jeu, par exemple.

Pour contrer le froid, faites porter à votre enfant une tuque et des vêtements fabriqués en fibres à tissage serré, comme de la laine, qui retient l'air chaud contre le corps. Quelques couches légères protègent mieux qu'un lourd vêtement. Ses chaussettes devraient être soit en laine, soit en mélange de laines (avec de la soie ou du polypropylène) plutôt qu'en coton, une matière qui n'offre aucune isolation lorsqu'elle est mouillée. Mieux vaut éviter les chaussettes très épaisses, car elles peuvent donner froid aux pieds en comprimant la circulation sanguine et la circulation de l'air autour des orteils. Des bottes trop serrées peuvent aussi donner froid aux pieds et sont donc à éviter.

La piscine et les cours de natation

Selon Guilaine Denis, directrice aux opérations et service à la clientèle de la Société de sauvetage[4] que j'ai eu le plaisir de rencontrer, voici ce qu'il faut retenir des principales questions relatives aux cours de natation pour enfants et aux précautions à prendre autour d'une piscine.

Quel est l'objectif des cours de natation pour les tout-petits?[5]

«Les cours de natation pour les tout-petits, donc pour les enfants de moins de 2 ans, servent surtout à les rendre à l'aise dans un milieu aquatique. Le cours va leur permettre d'apprivoiser l'eau dans le visage et dans les oreilles, et leur apprendre à ne pas paniquer. Il est important que le parent qui accompagne l'enfant (car il s'agit surtout de cours parents-enfants) ait du plaisir. Si chaque fois qu'un baigneur éclabousse papa et maman, ils ont un mouvement de recul, l'enfant sera méfiant. En les initiant aussi petits, on leur apprend à rester calme et à aimer l'eau.»

Quelles sont les étapes de l'apprentissage de la nage?

«Vers 18 mois, l'enfant commence à comprendre que le mouvement de bicyclette dans l'eau lui permet d'être stable et de ne pas "piquer du nez". Il est alors important de commencer à utiliser des aides d'apprentissage à la nage tels le ballon dorsal ou la ceinture Aquafun[6]. Ces deux aides à la nage ont l'avantage de permettre une progression de l'apprentissage, amenant l'enfant vers la position couchée puisque le niveau de flottaison est ajustable.

Entre 2 et 4 ans, on commence à les sensibiliser aux bons comportements à adopter près de l'eau: l'enfant ne doit pas s'approcher du plan d'eau avant que son moniteur ou un sauveteur soit présent, il ne doit pas courir sur le bord de la piscine.

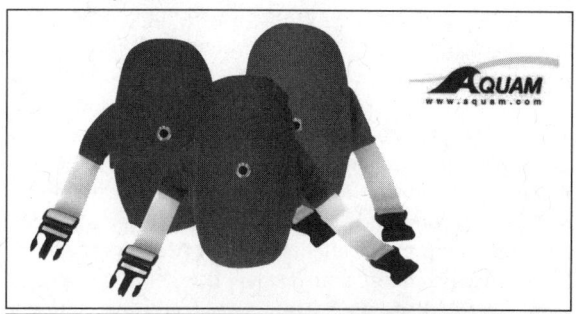

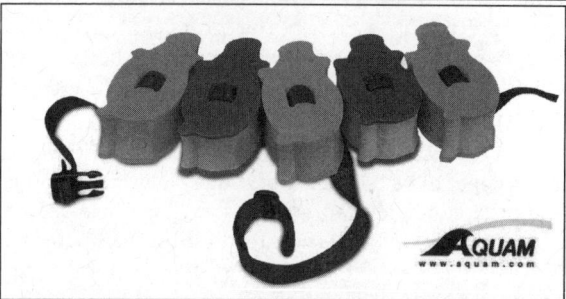

Photos reproduites avec la permission de Aquam

C'est aussi à cette étape que l'enfant comprendra qu'un battement de jambes peut le faire avancer. Il comprendra vite que s'il met la tête dans l'eau, c'est encore plus facile. Le mouvement des bras se fera encore en "petit chien", sans trop de technique, mais il sera efficace pour la propulsion. L'enfant commencera aussi à être à l'aise sur le dos. Habituellement, la sensation de l'eau dans les oreilles freine les jeunes à nager sur le dos. Coucher l'enfant dans la baignoire pour rincer ses cheveux est un bon moyen d'adaptation.

Vers l'âge de 4 ou 5 ans, l'enfant commence à apprendre à sortir les bras de l'eau. Il faut cependant que la position horizontale soit acquise, donc que l'enfant ne soit pas craintif de mettre sa tête dans l'eau et qu'il comprenne le principe de faire des bulles. Être capable de faire des bulles dans l'eau, qui est la base de l'apprentissage de la natation, permettra une respiration rythmée un peu plus tard et aidera à l'acquisition de l'endurance pour nager sur une longue distance. L'enfant doit aussi être capable de faire un mouvement de bas en haut avec ses jambes pour apporter un appui suffisant qui lui évitera de couler au fond. C'est donc la technique du «crawl» que l'enfant apprend en premier. Si l'enfant a entrepris des cours de natation à un âge précoce, il pourra alors intégrer des mouvements de bras efficaces et à nager entre 15 et 25 mètres sans devoir s'arrêter. Il sera aussi agréable pour lui de nager, tant sur le dos que sur le ventre.

Avec les enfants de 4 ans et plus, on fait la différence entre savoir nager et se baigner. C'est l'âge où les parents ont l'impression que leur enfant sait nager, car il se baigne tout l'été dans une piscine hors terre (en touchant le fond). C'est l'âge où l'enfant lui-même se dit très bon nageur lorsqu'on lui pose la question.»

Quel usage doit-on faire d'une veste de flottaison avec les jeunes enfants?

«La veste de flottaison individuelle (VFI) est l'objet flottant le plus utilisé et le plus fiable. Elle doit être portée lors d'une promenade ou d'un déplacement en embarcation sur l'eau et lors d'activités aquatiques telles les glissades d'eau. Il n'y a pas de danger qu'elle se dégonfle, et le risque qu'elle se détache est très peu probable si elle a été bien attachée. De plus, si l'enfant s'évanouit ou est très faible, la VFI est conçue pour qu'il se retourne sur le dos par lui-même, sans aucun effort. Alors, il aura les voies respiratoires dégagées et au sec.

Pour un enfant de neuf kilos et plus, il est important que la veste de flottaison soit homologuée par Transports Canada. De plus, elle doit respecter le poids de votre enfant (chaque taille de VFI est associée à un barème de poids), et ne doit être ni abîmée ni rapiécée. Malgré la fiabilité de la veste de flottaison individuelle, elle ne se substitue en rien à la surveillance d'un adulte. Si l'enfant n'est pas à portée de main, c'est qu'il est déjà trop loin.

Il existe aussi des vestes de flottaison pour les jeunes enfants de moins de neuf kilos. Toutefois, elles ne sont pas homologuées par Transports Canada. Si vous avez à vous déplacer sur l'eau, il est recommandé d'utiliser le principe de l'avion. Dans un avion, les jeunes bébés n'ont pas leur propre siège, et par le fait même, ils n'ont pas leur propre ceinture non plus ; ils sont assis sur un des parents. En bateau, le même principe s'applique. Le parent porte une veste de flottaison et tient son bébé sur lui. En cas de chute accidentelle, il revient au parent d'assurer la flottabilité de l'enfant par le port de sa propre ceinture.

Lors des sorties scolaires en milieu aquatique, chaque intervenant doit connaître les habiletés de natation des enfants. Si votre enfant a encore besoin d'une veste de flottaison, il vous faut la fournir plutôt que de compter sur l'école pour ce type d'équipement. Sensibilisez également votre enfant à l'importance de la porter, même si d'autres amis n'en ont pas besoin. »

Quelles précautions doivent être prises autour et dans la piscine familiale ?

« Papa et maman doivent être dans la piscine ou tout près pour que l'enfant puisse se baigner. L'enfant doit porter son flotteur avant d'entrer dans l'eau. Par ailleurs, il faut s'assurer que la piscine est conforme à la réglementation en vigueur[7], que le plan d'eau est inaccessible quand ce n'est pas l'heure de la baignade (échelle relevée, clôture fermée autour de la piscine…), que la surveillance parentale (ou d'un autre adulte) est continue et active pendant que des enfants sont dans l'eau. Faire du jardinage ou de la lecture pendant que les enfants se baignent n'est pas une surveillance active. Une attention toute particulière doit être portée lors de fêtes ou lorsqu'il y a des visiteurs. Au cours de tels événements, les adultes ont tendance à croire qu'une autre personne assume la surveillance. Affecter un adulte à la surveillance durant ces moments particuliers peut remédier à cette ambiguïté.

Par ailleurs, il faut faire preuve de vigilance face à toute éventualité, c'est-à-dire s'assurer de sortir les jouets de l'eau une fois la baignade terminée pour éviter qu'un enfant ait envie d'aller le chercher. Il faut également établir des règles pour la baignade: interdiction de plonger, interdiction de jeux où on doit retenir son souffle, etc. En effet, jouer à retenir son souffle n'est pas un jeu: c'est dangereux! Lorsque les enfants (et même les adultes) s'amusent à retenir leur souffle longtemps, ils créent un débalancement du gaz carbonique et de l'oxygène qui dicte au cerveau qu'il est temps de respirer. La personne peut alors s'évanouir avant même d'avoir eu le réflexe de prendre sa respiration. Comme ce jeu se passe habituellement dans le fond de la piscine, l'enfant peut se trouver mal sans que personne le voie ou l'entende.

Avoir à portée de main un équipement rudimentaire de sauvetage, soit une bouée en forme d'anneau munie d'une longue corde, peut être fort utile. De plus, les enfants qui ne savent pas nager ne devraient pas utiliser de chambre à air ou de matelas gonflable sur l'eau, car ils risquent de basculer et de se retrouver désorientés dans l'eau, en pensant qu'ils sont plus près du fond qu'ils ne le sont en réalité. »

Que doit-on penser des alarmes de piscine ? Sont-elles efficaces ?

« Il existe sur le marché plusieurs appareils de détection de mouvement d'eau, des alarmes de mouvement de clôture ou encore des bracelets de surveillance d'enfants. Ces appareils sont des suppléments à la surveillance des parents et à l'inaccessibilité des plans d'eau. Il ne faut jamais oublier que ce sont des systèmes actifs, c'est-à-dire qu'ils doivent être activés par des gestes humains. Il s'agit aussi de systèmes majoritairement à piles rechargeables. Si le système que nous installons sur le bord de notre piscine creusée s'active et sonne dès qu'une feuille tombe d'un arbre, nous risquons de l'éteindre, car nous ne voulons pas réveiller le quartier... Mais allons-nous penser à le réactiver au petit matin ? »

Et les piscines publiques ? Sont-elles contaminées ?

« Les piscines publiques qui sont très fréquentées peuvent être un milieu propice à la transmission de certaines maladies. En 2007, le ministère du Développement durable de l'Environnement et des Parcs a mis en place une réglementation plus spécifique quant à la qualité des eaux de baignade, de même qu'un suivi plus rigoureux qui exige de l'exploitant des contrôles physicochimiques et microbiologiques qu'il doit afficher dans un registre disponible au grand public.

En plus de cette réglementation, le Ministère a prévu un guide d'exploitation pour aider les gestionnaires de plans d'eau à mettre en place des procédures afin de diminuer les risques de contamination : obliger la douche savonneuse pour tous les baigneurs avant d'entrer dans l'eau ; recommander le port de couches aquatiques pour les bébés ; interdire les vêtements extérieurs comme tenue de baignade (par exemple les jeunes qui se baignent avec les shorts qu'ils ont portés toute la journée) et le port de sous-vêtements sous le maillot de bain.

Ce sont des mesures de prévention, mais si quelqu'un a une diarrhée et décide de se baigner et de nager quand même dans la piscine, il devient un contaminant pour les autres usagers. Quant aux baigneurs présentant des plaies ouvertes, ils sont plus à risque de contamination. »

Comment prévenir le pied d'athlète et l'otite du baigneur ?

« Le meilleur moyen de prévenir le pied d'athlète est de porter des sandales utilisées exclusivement pour circuler sur le bord de la piscine et dans les douches. Lorsque l'enfant sort de la piscine, il faut bien assécher ses pieds, particulièrement entre les orteils, avant de mettre les chaussettes, car le pied d'athlète se développe dans l'humidité.

L'otite du baigneur (ou otite externe) est une inflammation du conduit auriculaire (conduit qui va de l'entrée du pavillon de l'oreille au tympan). Pour la prévenir, il faut s'assurer de bien assécher les oreilles de votre enfant à l'aide d'un coin de serviette après chaque baignade, et lui donner l'habitude de pencher la tête de côté en tirant le lobe de son oreille vers le bas pour laisser s'écouler l'eau. »

Les cours de natation peuvent-ils prévenir la noyade ?

La noyade est la deuxième cause en importance de décès non intentionnel chez les enfants canadiens[8]. Le risque de quasi-noyade nécessitant une hospitalisation est cinq fois plus élevé chez les tout-petits que parmi les enfants plus vieux. En effet, les enfants de moins de 5 ans sont plus à risque de noyade, car l'eau les attire, mais ils n'en comprennent pas le danger. Ils ne savent pas nager, leurs poumons sont plus petits que ceux des adultes et se remplissent rapidement d'eau.

Voilà pourquoi la Société canadienne de pédiatrie considère qu'il ne faut pas faire la promotion des cours de natation pour les nourrissons et les tout-petits comme étant des stratégies efficaces de prévention de la noyade[9].

Informez-vous auprès de votre bureau local de la Croix-Rouge, à la Régie de la sécurité dans les sports du Québec ou auprès de votre municipalité pour savoir s'il existe des cours de sécurité aquatique. Mieux vous serez informé, moins vous serez pris au dépourvu devant une situation malheureuse. Si vous ne savez pas nager, peut-être pourriez-vous aussi suivre des cours de natation : il n'est jamais trop tard pour apprendre.

Saviez-vous que ?

La plupart des noyades chez les enfants âgés de 1 à 4 ans surviennent dans les piscines résidentielles. Ce n'est pas avant l'âge de 4 ans que les enfants peuvent maîtriser certaines compétences aquatiques de base, et pas avant 5 ans et demi qu'ils peuvent acquérir les habiletés nécessaires pour nager en style libre. On ne peut s'attendre à ce qu'un petit sache bien réagir en cas d'urgence. Aucune étude ne démontre, d'ailleurs, que les cours préviennent les noyades pour les jeunes enfants de 2 à 4 ans.

Certaines activités hivernales potentiellement dangereuses

En luge avec de jeunes enfants, on choisit des pentes douces et dénuées d'arbres. On asseoit l'enfant face à la pente. Glisser couché accroît les risques de blessures à la tête, à la colonne vertébrale ou à l'abdomen. On utilise un traîneau ou un toboggan, délaissant les tubes pneumatiques, les « crazy carpets » et les soucoupes (grands ronds de plastique incurvés), qui sont difficiles à contrôler. Il est recommandé de faire porter à l'enfant un casque protecteur. Les enfants de moins de 3 ans devraient toujours glisser avec un adulte.

Comme nous l'avons évoqué au chapitre précédent, la construction de forts ou de tunnels, une activité qui a peut-être fait votre bonheur dans votre enfance, est désormais considérée comme dangereuse et se classe parmi les activités hivernales à éviter, compte tenu des accidents survenus dans le passé. Ces constructions en neige peuvent s'effondrer sur l'enfant et l'étouffer. Les bâtir sans toits, tel que mentionné précédemment, élimine ce risque.

Par ailleurs, il faut interdire aux enfants de jouer autour des bancs de neige (congères) puisque le chauffeur de chasse-neige ou d'un autre véhicule pourrait ne pas les voir. Également, on doit leur enseigner à ne jamais faire de boules avec de la neige glacée; c'est là un risque sérieux de blessures pour qui la reçoit.

La sécurité en vélo[10]

Quand votre enfant commence à faire du vélo, l'équipement sécuritaire comprend un casque, des coudières et des genouillères. Le plus important est le **casque** pour protéger sa tête; cela peut lui sauver la vie. En effet, le crâne d'un enfant n'a qu'un centimètre d'épaisseur et peut se fracturer à la suite d'un impact à une vitesse de 7 à 10 kilomètres à l'heure seulement. À vélo, les enfants peuvent atteindre ces vitesses et même les dépasser. C'est pourquoi le port du casque protecteur est vital. Les blessures à vélo représentent 20,7 % de l'ensemble des blessures chez l'enfant de 6 à 11 ans, et le fait de porter un casque réduit de 85 % le risque de blessures à la tête.

La selle du vélo doit être positionnée de façon à ce que votre enfant puisse poser ses deux pieds à plat au sol; ainsi, ses pieds seront vraiment stables au départ et à l'arrêt. Avant les premiers essais, il faut lui indiquer la position idéale sur le vélo : dos droit et tête bien relevée, bonne tenue du guidon et regard porté au loin. On lui explique aussi comment utiliser les freins. Bien sûr, on évite d'amener l'enfant dans la rue jusqu'à ce que sa conduite du vélo soit devenue presque un automatisme. Choisissez, pour l'entraînement, un endroit sans circulation : un stationnement vacant ou un parc très tranquille.

Par ailleurs, les enfants de moins de 10 ans ne devraient pas se déplacer en bicyclette au milieu de la circulation. Leurs aptitudes physiques et intellectuelles ne leur permettent pas de maîtriser leur bicyclette en toute sécurité et ils ne sont pas en mesure de comprendre ce que les conducteurs attendent des cyclistes.

Les casques protecteurs

Il est sage d'inculquer l'habitude du port d'un casque protecteur dès que l'enfant commence à pratiquer des activités sur roues, qu'il s'agisse de ballades en tricycle ou en vélo derrière votre siège. L'habitude étant prise, il lui sera plus facile de la conserver quand, plus tard, il circulera seul à bicyclette. Dans la pratique de la trottinette, de la planche à roulettes et du patin à roues alignées, les traumatismes crâniens représentent les blessures les plus graves, tandis que les fractures sont les plus courantes[11]. Un casque protecteur est aussi nécessaire pour ces activités. Il faudra un certain temps à l'enfant pour maintenir son équilibre et, lors de ses premiers essais, il risque de tomber plus d'une fois, d'autant plus qu'il a du mal à tourner et à changer de direction rapidement.

Lors de l'achat d'un casque protecteur, recherchez à l'intérieur l'étiquette ASTM, SNELL, CSA ou CPSC. Cela signifie qu'il est approuvé par l'Association canadienne de normalisation. Voici les types de casques protecteurs recommandés pour différents sports, et qui sont identifiés multisports puisqu'ils sont homologués pour plusieurs activités :

- **Casque de vélo :** vélo, trottinette, patins à roues alignées.
- **Casque de ski :** ski alpin, toboggan, planche à neige.
- **Casque de hockey :** hockey, toboggan, patins sur glace.

Pour faire de la planche à roulettes, il faut un type de casque particulier, qui couvre une plus grande partie de l'arrière de la tête et qui est conçu pour résister à plusieurs impacts subis au même endroit.

Voici quelques précisions concernant le bon ajustement du casque. Le casque doit couvrir le haut du front et tenir à environ deux doigts au-dessus des sourcils. Les sangles doivent être bien ajustées en forme de « V » de part et d'autre des oreilles. Les boucles sur les côtés doivent tomber juste sous l'oreille. La boucle de fermeture sous le menton doit être suffisamment serrée et permettre de passer un seul doigt entre la sangle et le menton. Apprenez à votre enfant à vérifier le bon ajustement de son casque chaque fois qu'il le porte.

Et les autres activités sur roues ?

Pour faire de la trottinette, outre le casque, votre enfant devrait porter des coudières et des genouillères. En ce qui concerne le patin à roues alignées ou la planche à roulettes, il faut ajouter à cet équipement des protège-poignets, puisque la plupart des fractures subies se produisent au niveau de la partie inférieure de l'avant-bras et du poignet. Des études ont démontré que les protège-poignets réduisent les fractures et les entorses du poignet.

Le dépliant *Quand tu roules, protège ta boule*[12] présente diverses précautions à prendre concernant le vélo, la trottinette, les patins à roues alignées et les planches à roulettes.

Les trampolines : à quel âge un enfant peut-il y jouer ?

Sauter sur un trampoline constitue une activité à risque élevé présentant un potentiel de blessures graves chez les enfants et les jeunes. Selon Sécuri Jeunes Canada, chaque année, plus de 500 enfants canadiens souffrent de blessures liées aux trampolines, soit l'équivalent de 15 salles de classe remplies d'enfants. Les types de blessures les plus fréquentes comprennent les fractures, les dislocations, les ecchymoses et, les plus graves, des traumatismes crâniens, d'importantes blessures ligamentaires du genou ainsi que le risque potentiel de paralysie et de décès découlant d'une blessure au niveau de la colonne cervicale. Voilà pourquoi Santé Canada recommande que les enfants de moins de 6 ans ne participent jamais à des activités sur trampoline. Voilà aussi pourquoi Sécuri Jeunes Canada[13], en accord avec la Société canadienne de pédiatrie et l'Académie canadienne de médecine du sport, recommande aux parents de ne pas utiliser ni d'acheter de trampoline à leurs enfants pour un usage domestique.

Les accidents se produisent surtout lorsque plusieurs enfants partagent le trampoline, lorsqu'ils tentent de faire des acrobaties ou encore qu'ils chutent sur le matelas ou à côté du trampoline. Pour éviter ces problèmes, tenons nos enfants d'âge préscolaire loin des trampolines, et pour nos enfants plus vieux qui souhaitent en faire, offrons-leur la possibilité de le faire sous la surveillance d'un instructeur de trampoline qualifié dans une installation sécuritaire.

Les protections, les règles de sécurité et l'aménagement de l'environnement extérieur proposés dans ce chapitre ne sauraient éliminer tous les risques d'accident puisque le risque zéro n'existe pas. Elles peuvent toutefois contribuer à rendre les activités extérieures plus sécuritaires. Ce faisant, votre enfant appréciera davantage jouer dehors et vous serez moins craintif de le lui permettre.

Notes

1. www.aboutkidshealth.ca/Fr/HealthAZ/SafetyandtheEnvironment/OutdoorSafety/Pages/Sun-Protecting-Your-Childs-Skin.aspx [consulté le 26 mai 201].
   About Kids Health (en français): site sur lequel des médecins de l'Hospital for Sick Children de Toronto donnent des conseils.
2. www.hc-sc.gc.ca/hl-vs/iyh-vsv/life-vie/insect-fra.php
3. www.topfouine.com/questions/comment_entretenir_le_carre_de_sable_de_mes_enfants-1145.html
4. www.sauvetage.qc.ca/nouvelles/.asp
5. www.cdc.gov/healthywater/pdf/swimming/resources/pseudomonas-factsheet_swimmers_ear.pdf
6. Marque déposée de la compagnie AQUAM. www.aquam.com
7. Voir http://mapiscinesecuritaire.com
8. www.safekidscanada.ca/les-parents/renseignements/prevention-des-noyades/index.aspx [Consulté le 12 janvier 2012]
9. www.cps.ca/francais/medias/communiques/2009/PlaisirsAquatiques.htm
10. www.safekidscanada.ca/les-parents/renseignements/activites-sur-roues/index.aspx [Consulté le 17 janvier 2012].
11. www.safekidscanada.ca/les-Parents/Renseignements/Activites-sur-roues/Index.aspx
    Ce site de Sécuri Jeunes Canada donne de nombreux renseignements de sécurité pour les activités sur roues: vélo, patins à roues alignées, trottinette, planche à roulettes. [Consulté le 20 avril 2012].
12. www.porcupinehu.on.ca/Injury_Prevention/documents/GotWheelsGetaHelmet-FR.pdf
13. www.safekidscanada.ca/les-parents/renseignements/securite-a-domicile/jeu/lheure-de-jeu.aspx#trampolines

Conclusion

> *Si tu ne peux donner à tes enfants
> les meilleures choses possible,
> donne-leur le meilleur de toi-même.*
>
> H. Jackson Brown

Donner le meilleur de nous-mêmes pour inciter nos enfants à jouer à l'extérieur ne demande pas de dépenser quoi que ce soit. Il suffit de leur donner l'exemple en redécouvrant nous-mêmes le plaisir d'aller dehors et d'y faire des activités agréables avec eux.

En tant que parents responsables, mettons en place des mesures qui permettent à nos enfants de jouir d'activités extérieures en toute sécurité, sans pour autant les surprotéger. Faisons en sorte qu'ils aient du temps et des espaces intéressants pour obtenir leur dose quotidienne de nature.

Pourquoi ? Après avoir lu ce livre, vous savez que les activités extérieures permettent aux enfants de tous âges de faire de nouvelles expériences, d'élargir leurs connaissances, de dépenser leur énergie débordante, de connaître la nature et d'avoir un horaire plus équilibré. Jouer dehors améliore aussi leur condition physique, de même que leur capacité de concentration, leur appétit et leur sommeil. Cela les aide également à maintenir un poids santé et à éliminer le stress, tout en contrant l'omniprésence des écrans dans leur vie. Bref, le jeu extérieur contribue au développement et à la santé de nos enfants.

À l'extérieur, le jeu devient libre et actif, et fait grandir l'enfant. Le jeu libre lui donne un sentiment de maîtrise, puisqu'il en est le créateur et le jeu actif compense pour les nombreuses activités sédentaires qui composent son quotidien.

En favorisant le jeu extérieur chez nos enfants, nous contribuons à améliorer la qualité de vie et la santé de la génération actuelle des enfants, donc, de celle des adultes de demain.

Ressources

Livres pour les parents

Bellac, Brigitte. *Le livre des jeux d'extérieur – activités pour les 6-12 ans.* Paris : Fleurus, 2011.

Bellac, Brigitte et Pierre Lecarme. *Jeux d'extérieur et d'intérieur : plus de 300 activités pour toutes les occasions !* Paris : France Loisirs, 2012.

Brault Simard, Lucie. *50 jeux extérieurs pour l'hiver : pour les 12 mois à 6 ans.* Grande-Île, Productions Dans la vraie vie.

Cardinal, François. *Perdus sans la nature : pourquoi les jeunes ne jouent plus dehors et comment y remédier.* Montréal : Québec Amérique, 2010.

Collectif. *120 jeux super géniaux pour les bouts de chou : intérieur, extérieur, pour la route, bricolages.* Olen : Yoyo, 2008.

Collectif. *120 jeux super géniaux : intérieur, extérieur, pour la route, expériences.* Olen : Yoyo, 2006.

Danks, Fiona. *4 saisons d'activités nature en famille : une mine d'activités, de jeux, de créations en plein air pour toute la famille.* Paris : Nathan, 2006.

Ferland, Francine. *Et si on jouait ? Le jeu durant l'enfance et pour toute la vie.* Montréal : Éditions du CHU Sainte-Justine, 2005.

IVANOVITCH-LAIR, Albéna. *Comptines pour jouer dehors et dedans*. Paris : Père castor – Flammarion, 2002.

LEBŒUF, Michel. *Famille nature : jouer dehors au Québec*. Waterloo : Éditions Michel Quintin, 2008.

LECARME, Pierre et Catherine Fradier. *Les meilleurs jeux d'extérieur*. Bruxelles : Casterman, 2010.

MINA, Attilio et M. Linori. *Vive les jeux de plein air ! Pour s'amuser et se dépenser*. Paris : De Vecchi, 2011.

TYBERGHEIN, Vreija. *Les meilleurs jeux pour l'intérieur et l'extérieur : plus de 300 idées pour ne jamais plus t'ennnuyer !* Aartselaar : Chantecler, 2009.

VINCENT, Arnold. *Jeux de cour d'école*. Paris : Eyrolles, 2010.

Sur le web

Educatout.Com
Les activités extérieures, jeux pour enfants
www.educatout.com/activites/themes/les-activites-exterieures.Htm

Kino-Québec
Idées de jeux pour la cour d'école
www.agencesssbsl.gouv.qc.ca/telechargements/sante_publique_et_services/bourse_ecole_active/jeux_cour_ecole_asphalte_2011.pdf

Cégep du Vieux Montréal
On va jouer dehors ! Quelques idées de jeux extérieurs
www.cvm.qc.ca/gmaisonneuve/jeuxext.htm

Jeunes en forme Canada
Pour faire bouger les jeunes
www.activehealthykids.ca/fr-ca/francais.aspx